역전의 레시피

역전의 레시피

ⓒ 김종필, 2025

초판 1쇄 발행 2025년 6월 23일

지은이	김종필
펴낸이	이기봉
편집	좋은땅 편집팀
펴낸곳	도서출판 좋은땅
주소	서울특별시 마포구 양화로12길 26 지월드빌딩 (서교동 395-7)
전화	02)374-8616~7
팩스	02)374-8614
이메일	gworldbook@naver.com
홈페이지	www.g-world.co.kr

ISBN 979-11-388-4399-7 (03810)

- 가격은 뒤표지에 있습니다.
- 이 책은 저작권법에 의하여 보호를 받는 저작물이므로 무단 전재와 복제를 금합니다.
- 파본은 구입하신 서점에서 교환해 드립니다.

★ 당신의 9회 말을 응원합니다 ★

심야61
― 요리 한 접시가 위안이 되는 곳 ―
역전의 레시피

김종필 지음

좋은땅

= 목차 =

역전의 시작

인생을 야구 경기에 빗댄 이유	012
역전의 중요성: 왜 우리는 끝까지 포기하면 안 되는가?	015
최고의 역전 드라마	017
나의 인생 이야기와 역전의 순간들	019

인생 시리즈 시작

당신의 현재 스코어는?	026
나의 감정의 크기는?	027
감정을 소화시키는 방법	028
감정통제도 연습이 필요하다	030
누구나 칭찬받기를 원한다	031
배려와 존중을 배우자	033
현재 점수 차이를 직시하라	034
상대팀(환경, 사회, 경쟁자)의 분석이 필요하다	035

2회 초
지금의 실점은 잊어라

작전 구상 - 역전을 위한 전략	039
작전 변경: 새로운 시도를 두려워하지 마라	040
역전의 시작 - 부족함이 기회다	042
위기의 순간, 당신은 어떻게 반격할 것입니까?	044
시간의 중요성	047
야구공의 속성	049

3회 초
이제 나는 프로다

이제 당신은 아마추어가 아닌 프로다	052
직(職)과 업(業)의 차이	053
고민과 생각의 차이	055
기회는 반드시 온다 - 역전의 타이밍	057
기회를 만드는 자 vs. 기회를 기다리는 자	059
운과 실력의 관계: 운을 내 편으로 만드는 방법	060
승리의 법칙 - 매일의 작은 승리가 큰 승리를 만든다 (스몰 게임과 빅게임)	061
가장 먼 길이 진리다	062
변화구에 잘 대처해야 한다	063

힘을 빼는 연습이 필요하다

기본기 - 승리의 기초를 다져라	067
모소대나무를 기억하라	069
돌파력을 키워야 한다	071
야구장 가는 길	073
일체유심조	075
경청의 힘	077
야구도 인생도 멘탈 게임이다	078
집중력과 평정심을 유지해야 한다	079
도둑맞은 집중력	080
승자 독식 시대	081
실패와 실수를 기회로 바꾸는 법	083
승리의 태도 - 정정당당한 경쟁과 역전의 품격	084

우천 취소는 없다

인생(human life)이란?	090
멘탈 게임 - 역전을 위한 마음가짐	091
우선순위를 정해라	093
위기에서 살아남는 법 - 문제 해결 능력 키우기	095

실행력의 중요성	097
희생의 필요성	098
용규놀이	099
예측타격	101

크리닝 타임

반격의 시작	104
휴식도 전략이다 - 이닝 교체의 순간	105
수면의 중요성	107
메모의 중요성	109
생각도 정리하는 습관이 필요하다	110
라면 먹고 합시다	112

불펜투수가 경기를 좌우한다

최고의 컨디션을 유지해야 하는 이유	116
임계점을 돌파하라! - 최선을 다하였는가?	117
걸림돌 or 디딤돌	119
두려움은 당신이 만들어 낸 것이다	121
두려움 극복 레시피	123

약속의 8회

신뢰의 중요성 - 약속은 꼭 지켜라!   126
리더의 역할과 책임   127
피그말리온 효과를 기억하라   130

끝날 때까지 끝난 게 아니다

9회 말 2아웃, 그러나 끝날 때까지 끝난 게 아니다   132
결정적 한 방의 중요성   133
마지막 이닝에서 필요한 용기   134
경기장을 준비하라 - 삶을 이어 가는 법   135
인생의 라스트씬(last scene) - 당신은 어떤 결말을 원하는가?   137

심야식당61 이야기

심야식당61 브랜드 스토리   142
심야식당61은 이렇게 시작되었다   146

왜 심야식당61인가?	150
나의 마음이 고객에게 전달되는 그날까지	152
혼술을 위한 공간	154
요리 한 접시가 위안이 되는 곳	155
따뜻한 마음과 추억 그리고 만남이 있는 곳	156
심야식당61 사용법	157
심야식당61 메뉴이야기	158
매월 6일 혼술 DAY	160
야심인 DAY	161
1인 창업 이야기	162

당신의 인생은 아직 끝나지 않았다

지금 당신의 인생은 몇 회를 하고 있는가?	168
지금부터 당신의 역전 드라마를 써 내려가라	169
끝까지 싸우는 자만이 역전한다	170
역전을 위한 MSG	171
야구 경기가 끝나면 기록만 남는다	174
동행 - 같은 곳을 보고 함께 가는 것	175
역전의 레시피	177
팬서비스	182

> "어떻게
> 역전시킬 수 있을까?"

프롤로그

역전의 시작

인생을 야구 경기에 빗댄 이유

당신은 야구를 좋아하시나요? 당신의 인생을 좋아하시나요? 인생을 야구에 빗대기도 합니다. 야구에도 우리가 살아가는 삶과 같이 희노애락이 있습니다. 누군가는 승리에 기뻐하고 누군가는 패배에 뼈저리게 아파합니다. 승리를 눈앞에 두고 역전 홈런을 허용하기도 하고 졌다고 생각한 경기를 끝내기 전에 홈런 한 방으로 역전승을 거두기도 합니다. 누군가는 하늘을 날 듯이 기쁨을 느끼지만 누군가는 죽을 만큼 좌절감을 느끼기도 합니다. 야구에서는 영원한 승리자도 영원한 패배자도 없습니다. 오늘의 승리자가 내일의 패배자가 될 수도 있다는 것입니다. 그러므로 오늘의 승리를 너무 기뻐할 필요도 없고 패배를 너무 슬퍼할 필요도 없습니다. 다시 펼쳐질 내일의 경기를 위해 다시 준비해야 합니다. 오늘의 실수와 실패를 교훈 삼아 내일의 경기를 준비해야 합니다. 저와 함께 역전을 만들기 위한 준비를 시작합시다. 요즘은 야구를 사랑하는 분들이 너무 많아졌습니다. 야구가 제2의 전성기를 맞이한 것 같네요. 그래서 저는 너무나 행복

합니다. 코리안특급 박찬호 선수가 메이저리그에서 활약할 때는 저는 국내 프로 야구 경기에는 관심이 없었습니다. 오로지 박찬호 선수 선발 경기과 LA다져스 경기만 보았습니다. 그때는 그것이 저의 최고의 행복한 시간이었습니다. 류현진 선수가 메이저리그에서 활동을 마치고 국내 복귀 이후에는 메이저리그보다는 국내 경기에 푹 빠져 있었습니다.

2024년에는 기아타이거즈의 우승으로 더 행복하게 야구 경기를 즐겼던 것 같습니다. 작년에는 티켓 예매를 실패하여 단 한 번도 직관을 못 한 아쉬움이 있습니다. 다행히 올해에는 시범 경기를 사랑하는 아내와 함께 보고 왔습니다. 올 한 해 동안 모든 선수들이 부상 없이 멋진 경기 보여 주시면 너무나 감사할 것 같습니다. 야구는 9회 말까지 경기를 합니다. 9회 말까지 동점 상황이면 연장전을 하기도 합니다. 우리의 인생도 90살까지가 정규 이닝이라고 생각한다면, 그 이후의 삶은 신이 주신 선물 또는 기회가 아닐까요? 며칠 전 사랑하는 아버지께서 9회 말까지 매우 열정적인 경기를 보여 주시고 경기장을 떠나셨습니다. 그동안 수고 많으셨습니다. 이제 좋은 곳에서 편히 쉬세요. 자주 찾아뵙지 못해 너무나 죄송합니다. 아버지! 사랑합니다. 영원히 기억하겠습니다. 현재 저는 이제 6회 초 경기가 진행되고 있습니다. 저 또한 아버님처럼 9회 말까지 경기를 마치고 싶습니다. 당신은 몇 회 경기를 하고 있나요? 당신이 당신 인생팀의 야구감독이 되어 남은 이닝을 잘 이끌어 가기를 바랍니다.

역전의 중요성:
왜 우리는 끝까지 포기하면 안 되는가?

지금 당신의 경기는 함께 뛰는 선수들과 당신을 응원하는 팬들이 보고 있습니다. 그렇기 때문에 끝까지 포기하지 말고 최선을 다해야 합니다. 그래야만 당신은 그들의 사랑을 받을 자격이 있습니다. 팬들은 매우 냉정합니다. 잘하고 있을 때는 엄청난 에너지로 응원해 주지만 잘하지 못하면 바로 냉정하게 비난을 쏟아냅니다. 이건 진정한 팬의 모습은 아니라 생각합니다. 그렇다고 제가 그런 팬들을 비난하는 것은 아닙니다. 실수하거나 큰 점수 차로 뒤지고 있을 때는 비난보다는 응원을 해 주면 어떨까요? 그러면 당신이 응원하던 선수 또는 팀이 힘을 더 낼 것입니다. 이런 팬들이 당신에게 있다면 당신은 어떤 경기를 보여 주고 싶은가요? 만약 당신을 사랑하는 팬이 당신의 실수를 비난한다면 당신은 어떻게 할 것인가요? 그럴수록 당신은 더 강하게 앞으로 달려 나가야 합니다. 당신이 포기한 순간 팬들의 기억 속에서 사라지게 될 것입니다. 당신이 열심히 하지 않으면 팬들은 바로 알게 됩니다. 당신이 열심히 하면 팬들은 좋아해 주고 응원해 줍니다. 당신을 인정해 주고 사랑해 주고 응원해 주는 팬이 없다면 당신은 존재할 수가 없습니다. 팬들에게 인정받고 사랑받을 수 있도록 팬들이 당신에게 간절히 바라는 승리를 보여 주세요.

최고의 역전 드라마

당신이 기억하는 야구의 역전 드라마가 있나요?

국내 프로 야구에서는 제가 생각하는 최고의 역전 드라마는 1982년 OB베어스의 김유동 선수의 KBO 최초의 한국시리즈 경기에서 통쾌한 역전 만루 홈런 경기입니다. 한국 시리즈 6차전, 5차전까지 "OB 3승:2승 삼성"이었습니다. 한국 시리즈 우승까지 1승만이 남았습니다. 8회 말까지 3대3 동점 상황이었습니다. 그런데 9회 초 2사 만루 상황에서 믿을 수 없는 김유동 선수의 좌측 담장을 넘기는 역전 만루 홈런으로 OB베어스는 한국 시리즈 초대 우승을 차지하였습니다. 다음으로 기억하는 두 번째 역전 드라마는 2002년 LG트윈스와 삼성라이온즈의 한국 시리즈 6차전 경기입니다. 한국시리즈 전적은 "LG트윈스 2승:3승 삼성라이온즈 삼성 라이온즈가 한국 시리즈 우승까지 1승 남았습니다. 9회 초까지 9:6으로 삼성라이온즈가 3점을 뒤진 상태로 9회 말 마지막 공격만이 남았습니다. 주자 1, 2 상황에서 한국 시리즈 동안 20타수 2안타의 저조한 타격 기록을 가진 이승엽 선수가 타석에 들어섰습니다. 그리고 동점 3점 홈런을 쳤습니다. 이어서 한국 시리즈 24타수 10안타의 엄청난 타격감을 자랑하는 마해영 선수가 끝내기 빽투백 홈런을 날려 삼성라이온즈가 연전 드라마를 쓰며 한국 시리즈 우승을 차지하였습니다. 패한 팀과 팬들에게는 악몽 같은 일이 벌어졌고 반면 역전 드라마를 만들어 낸 팀과 팬들은 절망에서 희망을 만들어 낸 극적인 짜릿함과 흥분은 이루 말할 수 없습니다. 당신 인생의 역전 드라마를 만들고 싶은 생각이 드나요?

나의 인생 이야기와 역전의 순간들

나의 1회 초 3남 2녀의 막내로 경기를 시작하였습니다. 모든 게 서툴렀습니다. 경기를 왜 해야 하는지 무엇을 위해 하는지 어떻게 해야 하는지 전혀 몰랐습니다. 아무도 경기에 대해 알려 주지도 않았습니다. 아무런 이유 없이 경기 아닌 경기를 했습니다. 1회 말이 끝날 때까지도 내가 경기를 하고 있는지 몰랐습니다. 나의 인생경기를 지켜보는 후보 선수였습니다. 아무것도 모르는 저는 오히려 그게 편했던 것 같네요. 모든 면에서 부족함을 느꼈고 감정과 음식에 대한 많은 경험을 하지 못하고 지나갔습니다. 이런 경험 부족으로 지금 나의 감정의 폭과 깊이 또한 좁고 얕습니다. 그러다 보니 쉽게 상처받고 상처받은 감정을 회복하는 데 많은 시간이 걸립니다.

어렸을 적 부모님이 밭 농사를 하셔서 집안 형편도 좋지 않아서 오이, 배추 등 밭에서 난 채소 위주의 음식을 섭취했었습니다, 다양한 음식 경험이 없다 보니 음식의 폭과 깊이 또한 얕습니다. 그래서 외식업을 하는데 많이 어려운 부분이 있습니다. 1회는 감정과 음식의 다양한 경험과 체험이 필요합니다. 그 체험과 경험이 남은 이닝에서 큰 밑거름이 될 것입니다.

나의 2회 초는 개인기에만 의존하고 팀플레이의 미숙으로 인하여 패배의 연속이었습니다. 그때는 패배의 원인을 팀원에게 전가시키며 그 팀원들을 원망했었습니다. 하지만 시간이 지나보니 모든 게 나의 개인플레이 때문이었다는 것을 깨닫게 되었습니다. 미꾸라지 한 마리가 맑은 물을 흐리게 하듯이 개인기가 뛰어난 선수가 팀플레이를 하지 않고 개인플레이만을 고집한다면 그 뛰어난 개인기마저 사라질 것입니다. 나를 버리고 함께 사는 법을 배워야 합니다. 나보다 더 남을 배려하고 존중하고 사랑하는 법을 배워야 합니다. 좋은 영향력을 받을 수 있는 친구들을 많이 사귀는 것이 중요한 시절입니다. 근묵자흑이라고 했습니다. 당신에게 배움을 줄 수 있는 친구들을 가까이해야 합니다.

나의 3회 초 경기 중 경기에 집중하지 못하고 자꾸만 실수를 거듭했습니다. 목표도 없이 많은 방황을 했던 시절입니다. 뚜렷한 목표가 없으니 방황하는 것은 당연한 결과였습니다. 그렇게 아름다운 시절과 그 시간들을 헛되게 보낸 것이 지금 생각하면 너무도 후회가 됩니다. 이렇게 철없고 목표도 없었던 25살에 지금의 아내를 만난 것은 나에게 새로운 전환점이 되었습니다. 어린 나이에 아빠가 되니 책임감도 생기고 뚜렷하지는 않았지만 목표도 생겼습니다. 내가 열심히 살아가야 할 이유를 찾았습니다. 나의 4회 초 내 인생에서 가장 힘이 많이 들어간 시절이었습니다. 다시 말하면 가장 욕심이 많았습니다. 그 욕심 때문에 많은 손해도 있었던 시절입니다. 노력은 하지 않고서 무언가를 바라고 있었습니다. 씨앗 하나 뿌리지 않고서 열매가 떨어지기를 기다리고 있었습니다. 지금 생각하면 참으로 어이가 없는 일입니다. 왜 나에게는 열매가 떨어지지 않지, 하며 세상을 많이 원망했던 시절입니다. 지금까지의 내 인생에서 가장 암흑기였습니다. 내 앞에 놓인 장애물들을 피해 가기만 했었습니다.

그 장애물들을 돌파해 나갈 용기와 지혜가 없었습니다. 나의 5회 초 이제 경기를 해야 하는 이유를 찾았습니다. 그래서 방법을 찾는 노력을 시작했습니다. 문득 이런 생각이 들었습니다.

만약 내가 죽으면 누가 가장 슬피 울어 줄까? 바로 아내가 떠올랐습니다. 그전에 아내보다 친구들을 우선으로 생각하고 살았는데 그 순간부터 모든 친구들을 버리고 아내에게 집중했습니다. 그때부터 지금까지 오로지 사랑하는 아내만 생각하고 살아가고 있습니다. 사랑하는 아내의 웃음을 보는 것이 나의 행복입니다. 나의 6회 초 실전 경기를 통해 경기력이 좋아지고 몸에 힘이 빠지는 걸 느끼고 있습니다. 이제 역전의 기회가 보이는 것 같습니다. 올 한 해 나의 모든 걸 쏟아부을 것입니다. 나를 더 강하게 믿고 매일 탈진할 정도의 노력을 해서 반드시 역전의 발판을 만들어 내겠습니다. 세상이 생각대로 잘되지 않습니다. 그로 인해 실패와 좌절을 느끼기도 합니다. 힘을 뺀다는 것은 알고 있지만 생각만큼 쉽지 않습니다. 지금까지 잔뜩 힘이 들어간 삶을 살았습니다. 운동선수들에게도 힘을 빼는 것이 어렵다고 합니다. 우리의 삶에서 힘을 뺀다는 것이 무엇이라 생각하나요? 모두가 자신이 가장 중요하다고 생각하는 것들을 가지고 있을 것입니다. 목숨처럼 그것을 지키려고 하고 있습니다. 절대로 남에게 부탁이나 싫은 소리를 듣기 싫어합니다. 나 또한 그랬습니다. 하지만 이런 것들 신경 쓰고 삶을 살아간다는 그 자체가 힘을 잔뜩 쓰고 살아가는 것입니다. 이렇게 힘을 쓰고 살아가니 얼마나 힘이 들겠습니까? 그러면 몸과 마음에 큰 부상을 입게 됩니다. 몸에 힘을 빼고 가볍게 살아가 보세요. 이제부터 욕심도 버리고 남의 평가에 크게 신경 쓰지 말고 내가 목표로 하는 것에 집중만 하는 삶을 살아가세요. 다른 사람에게 어떻게 하면 피해를 주지 않을까?라고 생각하는 삶보다 당신이 다른 사람에게 나는 어떠한 도움을 줄 수 있을까?를 생각하면서 살아가면 어떨까요? 그러면 몸의 힘이 빠지지 않을까요? 그러면 당신의 마음도 편해지고 얼굴도 밝아지고 더 건강해지고 더 좋은 사람들이 당신 곁에서 당신을 응원해 줄 거예요. 어떠한 평가에도 신경 쓰지 말고 남에게 도움이 되는 삶은 살아 보세요. 오늘도 아름다운 당신을 응원합니다. "아름답다"라는 말은 "나답다"라는 말입니다. 당신다운 삶을 응원합니다. 신념이 만든 기적, 노력하면 안 되는 건 없습니다. 노력으로 모든 걸 바꿀 수 있습니다. 내 안의 두려움과 한계를 벗어던져야 합니다. 저도 가끔 막막한 현실을 느낄 때가 있습니다. 내가 지금 가고 있는 길이 올바른 길인가에 대한 의구심도 들 것입니다. 그럴수록 당신을 더 강하게 믿어야 합니다. 나에 대한 강한 신념이 기적을 만들어 냅니다. 우리 모두 기적을 만들어 봅시다. 내 인생 마지막에서 웃으며 기다리고 있을 미래의 나 자신에게 부끄럽지 않은 오늘을 살아야 합니다. 우리 모두는 엄청난 경쟁을 이겨 내고 이 세상에 태어난 존재들입니다. 그러므로 지금 내 앞에 놓인 수많은 장애물들은 문제가 되지 않습니다. 이런 장애물들이 나를 더 강하게 만들어 주고 나에게 큰 선물을 안겨 줄 것입니다. "Future Self", "미래의 자신이 되어라"

오늘의 나는 어제의 내가 만든 것이며, 내일의 나는 오늘의 내가 만든 것이다.

인생 시리즈 시작

당신의 현재 스코어는?

1회 초 당신의 인생 시리즈가 시작되었습니다. 당신의 삶은 당신이 원해서 시작된 것은 아닙니다. 하지만 당신이 좋든 싫든 어쩔 수 없이 무조건 경기를 해야 합니다. 그렇다면 어떠한 경기를 해야 할까요? 승리는 당연하고 팬들에게 멋진 경기를 보여 주어야 하지 않을까요? 넷플릭스 드라마 〈오징어 게임〉처럼 당신도 살아남아야 하지 않을까요? 그러기 위해서 어떻게 해야 할까요? 경기하는 방법부터 규칙 등 여러 가지를 배워야 합니다. 가정과 학교를 통해 배울 수 있습니다. 각자의 팀 색깔도 확연히 차이가 날 것입니다. 엄청난 강팀에 소속되어 있을 수도 있고 최고로 약한 팀에 소속되어 있을 수도 있습니다. 내가 소속된 팀이 맘에 들지 않는다고 해서 팀을 바꾸지는 못합니다. 당신의 노력으로 강팀을 만들어야 합니다. 당신은 충분히 강팀을 만들 수 있습니다. 이제 1회 초가 시작되었습니다. 각자가 처한 1회 초 상황도 매우 다를 것입니다. 당신은 1회 초 수비와 공격을 어떻게 할 것입니까?

나의 감정의 크기는?

1회는 선수들의 감정이 경기를 좌우하는 이닝입니다. 1회 실책 하나 때문에 많은 실점으로 이어져 무너져 버리기도 하고 호수비 하나로 무실점 호투를 펼치기도 합니다. 이렇듯 감정으로 인하여 경기의 운명이 바뀌기도 합니다. 1회는 감정의 크기를 만드는 이닝입니다. 다양한 음식을 경험하고 맛을 느끼듯이 다양한 감정들을 느끼는 경험과 체험을 해야 합니다. 최대한 많은 것을 느껴야 합니다. 최대한 기뻐하고 최대한 슬퍼하고 외로움도 느껴 보고 배신감도 느껴 보고 분노, 좌절감도 느껴 보아야 합니다. 그래야 감정의 그릇이 커지고 제대로 된 감정을 느낄 수 있고, 감정통제력도 길러집니다. 남에게 도움을 주고 가슴 따뜻함도 느껴 보고 타인의 배려에 대해 고마움도 느껴 보고 부모님의 사랑에 대한 감사함도 느껴 보아야 합니다. 감정의 종류와 다양성을 직접 느껴 보고 감정의 다양성을 인정해야 합니다. 감정은 음식과 같습니다.

감정을 소화시키는 방법

 감정은 음식과 같습니다. 감정이든 음식이든 다양하게 즐겨 보고 그 맛을 느껴 보아야 합니다. 음식을 먹고 나서 소화를 잘 시켜야 하듯 느낀 감정 또한 잘 소화시켜 주어야 합니다. 그것이 감정을 다스리는 것입니다. 더 나아가 감정통제가 되는 것입니다. 당신의 감정으로 인해 남에게 피해가 되는 행동을 해서는 안 됩니다. 그 감정 때문에 당신을 망쳐서는 안 됩니다. 다음은 저만의 감정통제 방법입니다. 가장 먼저 어떠한 감정이 나에게 들어왔을 때 나와 감정을 분리하는 것입니다. 음식과 같이 그 순간 나는 그 감정을 먹고 있는 것입니다. 그 감정이 당신이 아닙니다. 당신이 짜장면을 먹었다고 당신이 짜장면이 아니듯 당신이 분노의 감정을 먹었다고 당신이 분노한 당신이 아닙니다. 당신은 단지 분노를 먹은 것뿐입니다. 그냥 먹지 않고 뱉으면 가장 좋지만 일단 감정이 당신 몸 안으로 들어온 것은 잘 소화시켜 밖으로 내보내 주면 됩니다. 다음과 같이 해 보세요. 어떠한 감정이 떠올라 나를 힘들게 하면 그 감정이 어떠한 감정인지 흰 종이에 써 보세요. 그리고 그 감정이 어디에서 왔는지 그 원인이 무엇인지 써 보세요.

그리고 당신의 내 이름을 써 보세요. 그다음 그 감정으로 인하여 나타날 결과를 예측해서 써 보세요. (간단히 득점 또는 실점)

어떠한 결과가 나왔나요? 그 결과가 당신에게 득점을 올려 주었나요? 아니면 실점을 하는 결과가 나왔나요?

감정 > 원인 > 나 > 예측결과(득점 or 실점)

이렇게 꼭 흰 종이에 당신의 현재의 감정을 꼭 써 보세요. 그러면 큰 실점보다는 오히려 큰 득점으로 만들 수 있을 것입니다. 이러한 감정통제 연습이 앞으로 펼쳐질 인생 시리즈에서 부상과 컨디션 난조 팀원의 실책 등으로 인하여 한순간 무너지는 것을 막아 줄 것입니다. 오히려 위기가 기회가 될 것입니다.

감정통제도 연습이 필요하다

　박세니 작가님의《어웨이크》책에서는 나의 정신의 주인이 되는 첫걸음은 감정통제이다. 어떠한 상황에서도 무조건 내 스스로 내 감정부터 통제해야 한다고 강조하셨습니다. 내 스스로 예의를 갖추어 상대방을 항상 존중하는 마음으로 대해야 합니다. 그러면 상대방도 예의를 갖춰 나를 대해 주게 됩니다. 절대로 상대방을 내가 통제하려 하지 말고 나의 감정과 행동을 스스로 통제하는 것에만 집중하면 됩니다. 많은 연습이 필요합니다.

누구나 칭찬받기를 원한다

당신은 칭찬을 많이 자주 듣나요? 칭찬도 자주 들어 본 사람이 상대방에게 칭찬을 자주 해 주는 것 같습니다. 저는 지금까지 칭찬을 자주 듣지 못하고 성장하였습니다. 칭찬보다는 질책을 더 들었던 것 같아요. 그래서인지 저 또한 자녀뿐만 아니라 상대방에게 칭찬을 하지 않고 살아왔습니다. 칭찬은 인간관계를 부드럽게 만드는 윤활유입니다. 누구나 칭찬받기를 좋아합니다. 칭찬은 반복적인 연습이 필요합니다. 칭찬을 많이 하다 보면 상대방을 자세하게 관찰하고 장점을 발견하는 습관이 길러집니다. 칭찬은 기본적으로 상대를 이해해야만 가능한 것입니다. 상대방의 이야기를 끝까지 들으면서 상대방이 무엇에 심취해 있고 어떤 노력을 기울여서 성과를 거뒀는지 알게 되면 그때 제대로 된 칭찬을 할 수 있게 됩니다. 그리고 칭찬할 때 기억해야 하는 부분은 상대방이 가장 많은 시간과 에너지를 쏟고 있는 상대방에게 가장 가치 있는 부분을 칭찬해야 합니다. 대화와 관찰을 통해서 상대방이 노력을 쏟고 있는 대상이 무엇인지 파악하고 인정해 주어야 합니다. "칭찬은 고래도 춤추게 합니다."라는 말이 있습니다. 그만큼 칭찬이 중요합니다. 지금부터 만나는 모든 사람들에게 칭찬을 해 보세요. 상대방이 너무도 행복해할 것입니다. 그걸 보는 당신도 행복해질 것입니다. 당신이 사랑하는 사람에게 "웃는 모습이 너무 아름다워요."라는 칭찬을 해 주면 그는 당신에게 만날 때마다 아름다운 미소를 보여 줄 것입니다. 그리고 누군가에게 "당신이 큰 도움이 되었어요."라는 칭찬을 해 주면 그는 당신에게 더 인정받고 싶어서 더욱 당신을 도우려 할 것입니다. 이렇듯 당신의 칭찬이 결국은 당신에게 더 많은 것들을 가져다줄 것입니다. 당신은 이제 칭찬 전도사입니다.

배려와 존중을 배우자

배려란? 누군가를 도와주거나 보살펴 주려고 마음을 쓰는 것을 말합니다. 존중이란? 남을 높여 귀하게 여기는 마음입니다. 배려와 존중은 상대방을 사랑하는 마음입니다. 그리고 상대방에 대한 예의입니다. 상대방을 높여 귀하게 여기고 상대방이 어떠한 도움이 필요한지 수시로 보살피는 마음으로 찾아내어 그것을 얻을 수 있도록 도움을 주는 삶을 살아야 합니다. 약자를 보호하고 어른을 공경해야 합니다.

현재 점수 차이를 직시하라

앞에서 언급한 것과 같이 각자의 1회 초 상황은 매우 다를 것입니다. 10득점을 하고 1회 말을 맞이할 수도 있고 10실점을 하고 1회 말을 맞이할 수도 있습니다. 무실점 또는 선두타자에게 솔로 홈런 한 방 맞고 흔들려서 더 많은 실점을 할 수도 있고 정신을 차리고 경기를 더 잘할 수도 있습니다. 현재의 당신의 점수차를 직시하고 남은 이닝을 확인하고 어떻게 극복해서 역전할 것인가?라는 생각에만 집중해야 합니다.

상대팀(환경, 사회, 경쟁자) 분석이 필요하다

상대 팀의 선발투수는 누구인가? 상대 팀 타선은 어떠한가? 약점을 찾아내서 그 부분을 집중 공략해야만 합니다. 그 누구도 당신에게 자신의 약점을 말해 주지 않습니다. 당신의 노력으로 찾아내야 합니다. 누구나 약점은 반드시 있습니다. 당신이 그걸 못 찾았을 뿐입니다. 우선 상대방의 데이터를 최대한 많이 수집해야 합니다. 데이터 수집이 가장 중요합니다. 그리고 데이터를 기반으로 집중 분석해야 합니다. 분석한 결과를 토대로 약점을 공략해 보고 계속해서 수정하면서 상대를 꼼짝 못 하게 만들어야 합니다. 그렇지 않으면 상대방 공을 배트에 한 번도 맞추지 못하고 경기가 끝나 버릴 것입니다. 철저한 준비가 되어 있는가요? (실력, 자원, 인맥)상대 팀 불펜 투수에 대한 대비는 되어 있는가요? 강타선을 막아낼 우리 팀 투수들이 컨디션 체크는 하였는가요? 타자들의 약점과 수비 시프트가 잘되어 있는가요?

지금의
실점은 잊어라

당신은 어떤 선수가 될 것인가? 인생 시리즈의 우승이라는 뚜렷한 목표를 항상 가슴 깊이 간직하고 현재 부족한 지식과 실력을 쌓는 이닝입니다. 스승님에게 많은 질문과 과제 발표를 통해 눈에 띄어 선발출전 기회를 얻어내야 합니다. 그리고 많은 경기를 치루면서 더 많은 경험과 실전 지식을 쌓아야 합니다. 그렇게 해야만 당신의 지식이 내면화가 됩니다. 그럼으로써 당신의 경기력이 훨씬 더 좋아질 것입니다. 무조건 많은 경기를 직접 해보아야 합니다.

작전 구상
– 역전을 위한 전략

당신의 강점과 약점을 파악해야 합니다. 먼저 당신에 대한 메타인지가 되어 있어야 합니다. 메타인지란? 자신이 무엇을 알고 무엇을 모르는지 인식하고, 자신의 인지과정을 조절하고 통제하는 능력을 말합니다. 다시 말해 자신이 정확히 아는 것과 모르는 것을 구분하는 능력입니다. 지금은 메타인지가 뛰어난 분들이 모든 분야의 최고의 자리에 있습니다. 그만큼 메타인지가 중요합니다. 메타인지를 높이는 노력을 반드시 해야 합니다. 역전을 만들기 위한 첫걸음은 경기에 뛸 선수들의 라인업을 짜는 것입니다. 당일 선수들의 컨디션을 잘 체크하는 것이 중요합니다. 모든 선수와 대화를 나누어 보고 선수들의 움직임을 통해 컨디션 체크를 해야 합니다. 이런 과정을 거쳐 선발 라인업을 잘 짜야 합니다. 그리고 경기 중 일어날 수 있는 예기치 않은 부상 또는 사고에 대비가 되어 있어야 합니다. 그래서 대체 선수가 잘 준비시켜 둬야 합니다.

그래야 당신의 경기가 계속될 수 있습니다.

작전 변경:
새로운 시도를 두려워하지 마라

한 시즌 동안 야구에서 감독의 작전으로 인하여 경기를 승리하는 경우는 몇 게임 되지 않습니다. 선발 투수의 따라 경기 결과가 많이 좌지우지됩니다. 상대팀에 강력한 선발투수가 나왔을 때는 감독의 역량에 따라 다른 결과를 만들어 낼 수도 있습니다. 당일 컨디션이 가장 중요합니다. 당신은 상대 팀의 제1선발 투수를 어떻게 상대할 것인가? 어떻게 흔들 것인가? 상대팀 선발투수의 구질에 대한 분석을 완벽하게 하였는가? 당신에겐 상대팀 선발투수의 강속구를 홈런으로 만들어 낼 강타자가 준비되어 있는가? 경기 초반 당신이 상대 팀 선발투수 공략에 실패한다면 어려운 경기를 펼쳐야 할 것입니다. 선구안이 좋고 발 빠른 타자를 1번에 배치시켜 좋은 선구안으로 볼넷으로 출루하거나 빠른 발을 이용해 기습번트안타를 만들어 내야 합니다. 그리고 1루에서 자주 움직임을 주어 도루를 시도한다는 의도를 보여 주어야 합니다. 그러면 투수는 타자에게 100% 집중이 어려워집니다. 그러면 상대 투수는 실투를 던질 확률이 높습니다. 그 실투를 놓치지 않아야 합니다. 결국 야구는 멘탈 게임입니다. 공 한 개에 운명이 바뀌기도 합니다. 결국 멘탈이 강한 선수가 승리하게 됩니다. 당신이 승리하려면 상대의 멘탈을 흔들 수 있는 여러 가지 작전을 시도해야만 한다. 그보다 먼저 당신의 멘탈이 흔들려서는 절대 안 됩니다.

    1점 차로 패하거나 10점으로 패하거나 몇 점 차이로 지는 건 의미가 없습니다. 그러므로 기습번트, 도루, 히트 앤드 런(Hit and Run) 또는 런 앤드 히트(Run and Hit) 등 승리를 위해서라면 위험을 감수하면서 여러 가지 작전을 시도해야 합니다. 그리고 벤치에 있는 선수를 잘 활용해야 합니다. "대타 카드"는 야구의 가장 쾌감을 주는 묘미입니다. 팀의 득점이 필요한 상황 대타로 나온 타자가 득점 찬스에서의 적시타 또는 간절한 팬들의 꿈을 이루어 주는 홈런 한 방이 나올 수도 있습니다. 반대로 위기의 순간에는 원포인트 릴리프 투수를 투입시켜 실점의 위기를 막아서 승리로 팬들에게 큰 기쁨을 줄 수 있습니다. 다시 말해서 당신이 역전할 수 있는 모든 방법을 생각만 하지 말고 그 작전을 시도해야 합니다. 그래야만 당신은 역전 드라마를 만들 수 있습니다.

역전의 시작
- 부족함이 기회다

처음은 누구에게나 서툴 수밖에 없습니다. 처음부터 잘하는 사람은 세계 어느 곳에도 없습니다. 모든 일의 시작은 모두에게 어렵고 힘이 듭니다. 그러니 당신도 어렵다는 것을 인정하고, 당신의 부족함을 받아들이는 것이 성장의 출발점임을 인식해야 합니다. 당신이 약점이 많고 지식이 부족하거나 가진 돈도 부족하다면 당신은 축복을 받은 것입니다. 당신이 부족하다고 느끼는 순간, 그 부족함을 채우기 위해 노력할 것입니다. 당신의 부족함이 당신의 성장의 동기부여가 되어 줄 것입니다. 반면 당신이 완벽하다고 생각하는 순간부터는 당신의 성장은 멈추게 됩니다. 자만심은 성장이 멈추고, 결국 역전을 허용하게 된다는 것을 명심해야 합니다. 지금의 부족함이 엄청난 발전을 만들어 낼 것입니다. 부족함을 긍정적으로 바라보고 성장의 기회로 삼아야 합니다. 야구에서 신인 선수들은 모든 면에서 부족합니다. 하지만 부족함을 깨닫고 노력하는 선수가 결국 스타로 성장하게 됩니다. 박찬호 선수도 메이저리그에 갔을 때 처음에는 부족했습니다.

그래서 그 부족함을 채우는 데 피 나는 노력을 했기에 124승의 메이저리거가 될 수 있었습니다. 사업, 삶, 관계 모든 것이 마찬가지입니다. 처음은 서툴지만, 그 부족함을 인정하고 개선하는 과정에서 인생의 역전 드라마가 시작됩니다. 부족함을 성장의 원동력으로 삼아야 합니다. "호황은 좋다. 불황은 더더욱 좋다." 라는 말을 남기신 일본의 경영의 신 마쓰시다 고노스케는 자신은 하늘에 3가지 큰 은혜를 입고 태어났다고 했습니다. 첫째는 가난하게 태어난 것, 둘째는 허약하게 태어난 것, 셋째는 못 배운 것이라고 하셨습니다. 당신도 이러한 은혜를 입고 태어났습니까?

위기의 순간,
당신은 어떻게 반격할 것입니까?

삶을 살면서 위기의 순간이 언제나 찾아옵니다. 위기의 순간 당신은 어떤 길을 선택할 것입니까? 피할 것입니까? 돌파하실 건가요? 당신은 반드시 옳은 선택을 할 것입니다. 피하는 길을 선택하면 또 다른 위기에 맞이하게 될 것입니다. 왜냐하면 항상 위기는 찾아오니까요? 위기를 돌파하는 방법을 선택해서 그 위기를 극복하면 야구에서 말하는 위기관리 능력이 키워집니다. 위기 때마다 돌파하는 길을 선택하면 돌파력과 위기관리능력이 생기게 됩니다. 당연히 저도 위기를 돌파하는 길을 선택할 것입니다. 위기에는 위험과 기회가 같이 오게 됩니다. 당신이 실점 위기를 극복하면 반드시 반격의 기회가 찾아옵니다. 당신이 하고 있는 업(業)에서도 역전을 위한 작전 및 전략이 필요합니다. 저는 외식업을 10년째 하고 있습니다. 제가 외식업을 시작할 때만 해도 열심히 성실하게 운영하면 승리할 수 있었습니다. 하지만 지금은 그것만으로는 승리할 수 없습니다. 지금은 외식업이 더 치열합니다. 승자독식시대입니다. 지금의 외식업에서 승리하여 살아남으려면 3가지 필수 요소가 있어야 함을 저도 최근에 깨달았습니다. 그 3가지는 실력, 인력, 자금력입니다. 야구에서도 팀을 운영하는 전략이 필요하며, 실력, 인력, 자금력이라는 3대 요소는 야구에서 팀을 운영하는 것과 유사합니다. 좋은 선수(인력)를 영입하고, 훈련을 통해 기량(실력)을 높이며, 구단 운영을 위해 자금(자금력)을 효율적으로 사용해야 팀이 강해질 수 있습니다. 야구에서의 운영 시스템을 활용해 외식업에서도 인력관리 및 고객관리시스템과 교육 매뉴얼과 비용을 절감 및 매출증대를 위한 전략적 사고가 필요합니다. 야구에서 좋은 팀은 단순히 좋은 선수만으로 만들어지지 않습니다. 훈련(실력), 코칭 스태프(인력), 구단 운영(자금력)이 균형을 이룰 때 최고의 팀이 탄생합니다. 외식업에서도 마찬가지입니다. 실력, 인력, 자금력을 균형 있게 갖춰야 경쟁에서 승리하여 살아남을 수 있습니다. 이제는 단순히 '열심히 하면 된다.'고 생각해서는 안 됩니다. 그것은 승리를 위한 기본자세일 뿐 당신을 승리자로 만들어 줄 수 없습니다. 원가관리와 업무일지 및 체크리스트 등 운영 시스템을 갖추어야 합니다. 우수한 직원을 육성 및 관리 프로그램을 만들어야 하고, 외부교육과 벤치마킹을 통해 당신의 실력을 향상시켜야 합니다. 지금 당장 매장을 떠나 배움의 시간을 추가해야 합니다. 매장 안에서는 더 이상 당신의 발전은 없습니다. 독서와 교육을 통해 배운 것들을 매장에 하나씩 실행해야 합니다. 실력, 인력, 자금력 이 세 가지를 갖추지 못했다면 지금부터 무조건 당신이 가지고 있는 에너지를 모두 사용해서 이 세 가지를 만들어야 합니다. 저 또한 현재 하나도 갖추지 못했습니다. 저도 지금부터 하나씩 준비해서 반격의 6회를 만들어 갈 생각입니다. 당신이 이 세 가지를 갖춘다면 역전할 준비가 된 것입니다. 저와 함께 노력해 봅시다. 노력하면 이루어집니다.

시간의 중요성

당신이 가장 아껴야 할 것이 무엇이라 생각하는가요? 당신은 시간을 아끼고 있는가요? 대부분 사람들이 시간에 대해서 소중함을 잘 알지 못합니다. 왜냐하면 지금 이 시간이 지나면 또 당신에게 새로운 시간이 오게 되고 오늘이 지나면 내일이 오고 내일이 지나면 그 다음 날이 또 당신에게 올 거라는 믿음 때문입니다. 과연 당신의 믿음대로 그런 시간들이 계속 당신에게 올까요? 오늘이 당신의 마지막이 될 수 있다는 생각은 해 보지 않았나요? 당신에게 주어진 시간이 오늘 24시간밖에 남지 않았다면 과연 당신은 지금 당장 무엇을 할 것입니까? 만약 누군가가 다가와 당신에게 현금 100억을 주면 당신은 그 돈을 받겠습니까? 당연히 받겠죠. 그러면서 왜 이 돈을 저한테 주냐고 물어볼 겁니다. 돈을 당신에게 주면서 이렇게 요구합니다. "100억을 받으시고 오늘까지만 살아야 합니다." 당신은 100억이라는 돈과 당신의 남은 인생을 바꿔야 합니다. 이 돈이 당신의 목숨값입니다. 과연 당신은 당신의 목숨과 그 돈을 바꾸실 겁니까? 당연히 바꾸지 않을 겁니다. 왜냐하면 돈보다 당신의 삶이 더 소중하니까요. 그렇게 보면 당신은 이제 최소한 100억의 가치가 있는 사람이 된 것입니다. 이제 당신은 당신이 살아가는 하루는 그 시간 동안 100억에 가치가 있는 시간입니다 이제 24시간을 100억으로 환산해 보면 한 시간은 41억의 가치가 있고 1분은 700만 원의 가치가 있습니다. 1초당 12만 원의 가치가 있습니다. 지금 이 순간도 당신은 엄청난 돈을 흘려보내고 있습니다. 당신은 이렇게 많은 돈들을 의미 없이 흘려보낼 것입니까? 절대 그렇지 않을 것입니다. 그럼 당신은 과연 그 시간을 어떻게 활용해야 할까요? 그건 당신이 결정에 달려 있습니다.

야구공의 속성

김승호 회장님의 저서 《돈의 속성》에서는 돈을 하나의 인격체로 인정해 주고 돈이 좋아하는 사람이 되도록 노력해야 한다는 메시지를 전해 주었습니다. 야구에서도 야구공, 야구배트, 야구 글러브 모두 하나의 인격체로 인정해 주고 대해 주어야 합니다. 당신 손에 쥔 야구공에게 생명력을 불어넣어 주어야 합니다. 존중과 존경심을 가져야 합니다. 당신이 던진 공이 당신이 원하는 곳에 들어가도록 그리고 그 공이 다치지 않고 당신 글러브에 다시 돌아왔을 때 감사해하며 따뜻하게 감싸 주어야 합니다. 이렇듯 당신이 사용하고 이용하는 모든 것들을 하나의 인격체로 인정해 주고 대해 주어야 합니다. 그래야만 그들도 당신을 위해 더 많은 노력을 해 줄 것입니다. 이렇게 당신이 주변의 모든 것들에게 생명력을 불어넣어 주고 그 모든 것들에 감사함을 갖고 지켜 주어야 합니다. 그러면 당신 곁에서 영원히 지켜 주고 응원해 줄 것입니다.

이제 나는 프로다

이제 당신은 아마추어가 아닌 프로다

이제 프로처럼 생각하고 행동해야 합니다. 아마추어와 프로의 차이를 지식백과에서 검색을 해 보면 아마추어는 어떤 일을 본업으로 하지 않으면서 그 일을 좋아하고 취미로 즐기는 사람을 말하고 프로는 어떤 일에 전문가로, 그 일로 돈을 버는 사람을 말합니다. 이제 당신은 좋아하는 일을 통해 당신의 커리어를 만들어 가는 이닝입니다. 5년간 꾸준히 나를 이기는 노력을 지속적으로 한다면 당신은 5년 후 FA가 되어 대박을 터트릴 수도 있습니다. 이번 이닝을 프로선수로 데뷔할 수 있는 발판이 되길 바랍니다. 당신이 업으로 살아갈 수 있는 일을 찾기를 바랍니다. 간절히 바라고 하고 싶은 일을 매일 즐기면서 살아가면 매우 기쁜 일입니다. 더 열정적으로 살아갈 수 있습니다. 이제 당신은 상대 팀과 본격적인 난타전이 시작되었습니다. 한 치의 양보 없이 피나는 싸움을 하게 될 것입니다. 굳은 각오로 경기에 임해야 합니다. 이 경기장에서 지쳐 쓰러질 각오를 하셔야 합니다.

직(職)과 업(業)의 차이

 당신은 직(職)과 업(業)의 차이를 알고 있나요? 직업이란 말은 모두가 알 것입니다. 하지만 직(職)과 업(業)의 차이를 대부분 모르실 겁니다. 간단히 설명을 하면 직(職)은 단순히 돈을 버는 행위이고, 업(業)은 내가 하고 싶은 일을 하는 것입니다. 당신은 지금 직(職)을 하고 있나요? 업(業)을 하고 있나요? 대부분 직(職)을 하다가 업(業)으로 바꾸어 갑니다. 직(職)으로 돈을 벌어서 업(業)을 한다는 것입니다. 처음부터 업(業)이라고 생각하고 업(業)을 하는 경우는 거의 없습니다.
 어떠한 일을 우연히 시작하게 되었고 그 일을 반복적으로 하다 보니 그 일이 재미있어지고 몰입이 되면서 그 일을 하는 동안 엄청난 행복감을 느끼면서 이 일을 업(業)으로 여기면서 살아가게 됩니다. 당신은 인생의 경기에서 어떤 플레이어인가? 돈을 좇을 것인가, 가치를 좇을 것인가? 직(職)은 돈을 벌기 위한 일이지만, 업(業)은 가치를 창출하는 일입니다. 단순히 생계를 위한 일을 할 것인지, 자신의 사명과 연결된 일을 할 것인지 생각해 보아야 합니다. 당신은 무엇을 위해 일하는가? 직장(職場)에서 일하는 것과 업(業)을 이루기 위해 살아가는 것은 다릅니다. 지금 하고 있는 일이 단순히 월급을 받기 위한 노동인가, 아니면 내 삶의 의미와 연결된 일인가? 생존이냐, 성장하느냐? 직(職)은 생존을 위한 것이고, 업(業)은 성장을 위한 것입니다. 단순한 직업이 아닌, 자신의 업을 찾고 성장해 나가야 합니다.

고민과 생각의 차이

　당신은 고민과 생각의 차이를 알고 있나요? 고민을 하면 주로 부정적인 감정과 걱정이 동반되고 문제가 해결되지 않은 채 같은 곳을 맴도는 상태(정체된 상태)입니다. 반복적으로 떠오르며 쉽게 벗어나기 어렵고 해결책을 찾기보다 불안과 갈등 속에서 머무르는 경우가 많게 됩니다. 반면 생각을 하면 감정과 무관하게 유연하게 변화하는 사고 과정을 통해 문제를 해결하거나 새로운 아이디어를 떠올리는 능동적인 과정을 거치게 됩니다. 고민과 달리 앞으로 나아갈 방향을 찾고 멈춰 있지 않고 계속 발전할 수 있습니다. 즉, 고민은 정체되어 같은 문제를 되풀이하는 상태이고, 생각은 앞으로 나아가 해결책을 찾는 과정입니다. 고민에 빠져 있을 땐 한 걸음 물러서서 생각으로 전환하려는 노력이 필요합니다. 당신은 이제 고민을 하지 말고 생각을 해야 합니다. 하루에 세 번 식사를 하듯 매일 30분 정도 생각의 시간을 만들어야 합니다. 매우 무서운 말이 있습니다. "당신이 생각하지 않으면 남의 생각대로 살게 될 것이다."입니다. 그만큼 당신이 생각을 해야 할 이유가 생겼습니다. 이제 당신이 생각한 대로 당신은 살게 될 것이고 모든 게 당신이 생각한 대로 움직여 줄 것입니다.

기회는 반드시 온다
- 역전의 타이밍

당신에게도 반드시 역전의 기회가 올 것입니다. 당신은 그 기회를 놓치면 안 됩니다. 기회를 올 때까지 역전을 잊어서는 안 됩니다. 1회에 10점을 득점하고도 경기에 패할 수도 있고 1회에 10점을 실점하고도 경기에 이길 수도 있습니다. 경기 초반의 점수 차는 중요하지 않습니다. 당신은 1회에 10점을 실점했다고 해서 경기를 포기할 것인가요? 만약 더 이상 실점하지 않고 11점 득점을 한다면 당신은 승리할 수 있습니다. 절대로 포기하면 안 됩니다. 끝까지 최선을 다해야 합니다. 가난하게 태어나도 부자가 될 수 있습니다. 현재의 세계 부자들의 70%가 모두 가난하게 태어났습니다. 당신도 지금의 힘든 상황을 이겨 내고 역전시켜 부자가 될 수 있습니다. 어렵고 힘든 상황을 역전시켜 부자가 된 그들은 그 당시 어떠한 목표를 설정하고 무엇에 집중하였을까요? 현재 당신은 현재 무엇에 집중과 몰입을 해야 할까요? 야구에서 10점을 뒤지고 있다고 바로 한 방에 10점을 얻을 수 없습니다. 대량 득점도 안타 또는 볼넷부터 시작됩니다. 차분히 현재 당신의 어려움의 원인이 무엇인지 생각하고 당신이 어떻게 안타 또는 볼넷을 만들어 출루할 것인가만 집중해야 합니다. 계속해서 당신의 타자와 주자를 출루와 진루시키는 것에만 집중하면 됩니다. 그러면 자연스럽게 당신의 득점이 한 점 한 점 만들어지기 시작할 것입니다. 그렇게 하여 그 큰 점수 차가 줄어들고 동점에 이어 역전까지 이루어 낼 수 있을 것입니다. 누구에게나 기회는 반드시 오게 됩니다. 단 그 기회는 준비된 자에게만 찾아갑니다.

기회를 만드는 자 vs. 기회를 기다리는 자

당신은 바람이 불지 않을 때 바람개비를 돌게 하려면 어떻게 하겠습니까? 그럴 때는 당신이 바람개비를 들고 앞으로 달려가면 됩니다. 모든 기회는 가만히 기다리고 있으면 절대로 오지 않습니다. 기회를 맞이할 준비를 하고 있어야 합니다. 그리고 기회가 오면 격하게 안아 주고 절대로 놓아 주어서는 안 됩니다. 당신이 아무 일도 하지 않으면 아무 일도 일어나지 않습니다. 지금부터 기회를 뜨겁게 맞이할 준비를 하셔야 합니다.

운과 실력의 관계:
운을 내 편으로 만드는 방법

"운칠기삼"이라는 말이 있습니다. 운이 7이고 기술이 3입니다. 그만큼 운이 중요하다는 말입니다. 운을 당신 편으로 만들려면 어떻게 해야 할까요? 반드시 운을 높여 주는 노력을 해야 합니다. LA다저스에서 활약 중인 오타니 쇼헤이 선수는 경기장에서 쓰레기를 줍는 모습을 자주 보여 줍니다. 그는 남이 버린 쓰레기를 주우면서 남이 버린 행운을 줍는다고 합니다. 당신은 운을 높여 주는 어떠한 노력을 하고 있습니까?

오늘부터 오타니 쇼헤이처럼 길에 버려진 남의 운을 주워 당신의 운으로 만들어 보는 건 어떨까요? 이렇게 운을 만드는 노력이 필요합니다. 당신만의 운을 만들어 주는 노력을 해 보세요. 이런 노력으로 쌓인 운들은 당신의 실력이 되어 줄 것입니다.

승리의 법칙
- 매일의 작은 승리가 큰 승리를 만든다
(스몰 게임과 빅게임)

매일이 게임입니다. 당신이 눈을 뜨는 그 순간부터 게임입니다. 누구와 하는 게임일까요? 상대는 바로 당신 자신입니다.

오늘 하루 당신은 당신에게 승리할 자신이 있습니까? 당신이 당신 자신을 이기지 못하면 그 어느 누구에게도 승리할 수 없습니다. 매일 만들어지는 당신의 승리가 최종 우승을 만들어 줄 것입니다. 일상의 작은 승리(스몰 게임)가 결국 큰 목표(빅게임)로 이어집니다. 일상의 작은 성공들이 쌓여 궁극적인 역전을 만들어 냅니다. 자기 관리(Self-Discipline)가 너무도 중요합니다. 자신과의 싸움에서 이겨 낸 선수들의 한 경기, 한 타석이 모여 시즌 우승을 결정짓게 됩니다. 제가 제일 좋아하는 코리안특급 박찬호 선수도 매일 자신과의 싸움에서 승리하며 메이저리그에서 124승이라는 성적을 거두었습니다. 결국 승리는 하루아침에 오지 않습니다. 꾸준한 자기 관리가 쌓여 결정적인 순간에 빛을 발하게 됩니다. 오늘 하루도 당신 자신에게 승리하여 1승을 추가하길 바랍니다.

가장 먼 길이 진리다

"망설이는 자는 변명을 하고 용기 있는 자는 길을 찾는다. 우리는 모두 무엇이 되라는 부름을 받는다. 소명이라는 말은 우리는 선발된 것이다. 선택받은 것이다. 이러한 부름을 받아들일 것인가? 아니면 거부할 것인가? 이것이 우리의 소명이다." 라이언 홀리데이의 《브레이브》라는 책에 나온 내용입니다. 우리는 모두 삶의 갈림길에서 많이 망설입니다. 여러 가지 선택 상황에서 많은 고민을 하게 됩니다. 이제 그럴 때는 이말을 기억하시면 됩니다. "가장 먼 길이 진리다."이 말처럼 여러 가지 선택 상황에서 가장 어렵고 힘든 쪽을 선택했다면 당신은 올바른 선택을 한 것입니다. 승리자의 길을 선택한 것입니다. 역전의 주인공 된 것입니다. 단기적인 이익에 현혹되어서는 안 됩니다. 쉽고 편한 길을 선택했다면 처음에는 아름다운 꽃길이 당신 앞에 펼쳐진 것처럼 보여질 것입니다. 하지만 얼마 지나지 않아 그 아름다운 꽃길이 지나고 지금보다 더 험난한 길이 당신을 기다리고 있을 겁니다. 부디 올바른 선택을 하길 바라고 힘들고 지치더라도 그 길을 향해 끝까지 힘차게 나아가길 바랍니다.

변화구에 잘 대처해야 한다

유인구를 조심해야 합니다. 상대 투수는 지금까지 당신이 보지 못한 다양한 변화구를 던질 것입니다. 당신은 공을 끝까지 보지만 헛스윙의 연속일 것입니다. 볼처럼 보인 공이 스트라이크 존을 통과하기도 하고 스트라이크처럼 보이는 공이 당신 눈앞에서 갑자기 떨어져 헛스윙 할수도 있습니다. 당신이 불리한 볼카운트일 때는 다양한 유인구로 당신을 유혹할 것입니다. 과연 당신은 이 변화구를 잘 대처할 수 있겠습니까?

당신이 사회의 경기장에 발을 내딛는 순간 당신을 유인하기 위해 엄청난 유혹의 공을 던질 것입니다. 잘 참아내야 합니다. 그래야만 당신이 기다리는 공을 칠 기회를 맞이할 것입니다. 참지 못하고 배트를 휘두르는 순간 그 유혹에서 빠져나올 수 없게 될 수도 있습니다.

힘을 빼는 연습이 필요하다

반드시 몸에 힘을 빼야 합니다. 몸에 가장 힘이 많이 들어가 있는 이닝입니다. 힘이 들어간(욕심) 만큼 실점도 많이 하는 시기입니다. 슬럼프와 부상도 많이 발생하게 됩니다. 당신이 몸에 힘을 빼는 것만큼 앞으로 나가고 당신이 몸에 힘이 들어간 만큼 뒷걸음치게 될 것입니다. 힘을 빼는 첫걸음은 욕심을 버리는 것입니다. 그리고 기본기에 충실한 연습을 꾸준히 해야 합니다. 홈런을 쳐야 한다는 생각을 버리고 배트에 맞추는 것에만 집중해야 합니다. 그러면 최소한 삼진은 당하지 않습니다. 힘을 빼고 가볍게 배트를 쥐고 배트에 맞추는 것에 집중해야 합니다. 그리고 공이 배트에 맞는 임팩트 순간에 지금까지 아껴 놓은 당신의 온 힘을 실어 주어야 합니다. 그러면 당신이 친 공은 당신이 생각하는 것보다 더 멀리 날아갈 것입니다.

기본기
- 승리의 기초를 다져라

야구에서도 기본기가 매우 중요합니다. 수비에서 가장 먼저 익혀야 하는 것이 글러브를 잡는 법이고, 타격에서도 가장 중요한 것이 스탠스와 스윙이 기본입니다. 기본기가 제대로 다져져야 최고의 경기력이 나옵니다. 코리안특급 박찬호 선수도 기본기에 매우 충실했습니다. 그의 강력한 직구와 변화구는 기본적인 투구 폼을 철저히 연습한 결과였습니다. 인생에서도 기초가 탄탄해야 역전의 발판을 마련할 수 있습니다. 우리의 삶도 마찬가지입니다. 기본이 탄탄하면 어떤 위기에서도 흔들리지 않습니다. 절대로 무너지지 않습니다. 위기를 극복하고 다시 일어나 지금보다 더 큰 성장을 보여 줄 것입니다. 요리에도 조미료를 넣는 순서가 있습니다. 이것 또한 요리의 기본이라 생각합니다. 사시스세소(さしすせそ)라는 말을 들어 보셨나요? TV에서 우연히 알게 되어 지금까지 요리하는 데 많은 도움을 받고 있습니다. 사시스세소(さしすせそ)는 일본 요리에서 조미료를 넣는 순서를 뜻하는데, 설탕(さ)→소금(し)→식초(す)→간장(せ)→된장(そ) 순

서로 넣어야 제대로 된 맛이 납니다. 인생에서도 기본적인 것들을 먼저 익히고, 차근차근 경험을 쌓아야 합니다. 기본이 뼈대가 되고, 경험과 지식이 살이 됩니다. 뼈대가 없으면 살을 붙일 수 없습니다. 기본을 무시한 채 경험만 쌓으려 하면 결국 무너지게 됩니다. 야구에서 기본기의 중요성을 보여 준 사례를 보면 이치로 선수는 기본기 훈련을 하루도 빠지지 않고 반복한 끝에 MLB에서 3,000 안타를 기록했었고 류현진 선수는 한국에서부터 기본기(제구력)를 철저히 다져 메이저리그에서도 성공했습니다.

모소대나무를 기억하라

지금까지 당신의 노력들이 성장하는 것보다 오히려 더 무너지고 있는 것 같아 힘들지 않나요? 당신이 나름 열심히 노력한다고 했는데 아무런 성과가 나오질 않아서 실망하고 있습니까? 그래서 포기하고 싶으신가요? 저 또한 이런 경험이 너무도 많았습니다. 그럴 때 저는 모소대나무를 생각하며 다시 한번 마음을 다집니다. 그리고 더 힘을 내 봅니다. 지금 하고 있는 당신의 노력들은 당신의 나무의 뿌리를 더 단단히 만들어 주고 있다는 믿음을 갖고 지금의 노력을 멈추지 않고 포기하지 않고 끝까지 도전하는 마음과 정신을 유지해야 합니다. 모소대나무의 놀라운 성장에 대한 이야기를 해 보겠습니다. 모소대나무는 그 이름만큼이나 특별한 성장 과정을 가진 식물입니다. 이 모소대나무의 성장 과정은 인내와 끈기의 중요성을 상징하며, 많은 사람들에게 영감을 주고 있습니다.

모소대나무는 주로 중국의 동쪽 지역에서 자라며, 일명 모족(毛竹)이라고 불립니다. 처음 4년 동안은 겨우 3cm만 자라는 것처럼 보이지만, 5년째 되는 해에 갑자기 하루에 30cm 이상씩 급성장하여 6주 만에 15m까지 자라는 놀라운 성장을 보입니다. 모소대나무는 눈에 보이지 않는 성장 과정에서도 포기하지 않고 꾸준히 자신의 뿌리를 깊게 내리며 성장의 기반을 다집니다. 이걸 기억하고 우리 인생에 있어서도 결과가 바로 보이지 않아도 포기하지 말고 인내하며 역전드라마가 완성될 때까지 노력해야 합니다. 모소대나무의 성장 과정은 결과를 서두르지 않고 기다림의 가치를 일깨워 줍니다. 때로는 우리의 노력이 바로 결과로 이어지지 않더라도, 당신의 노력을 멈추면 안 됩니다. 지금의 당신의 노력의 시간은 역전 나무의 뿌리를 깊고 튼튼하게 내리게 할 것입니다. 기대하세요. 이제 당신에게도 인내의 시간이 지나고 엄청난 성장이 당신을 가다리고 있습니다.

돌파력을 키워야 한다

당신의 목표를 위해 노력하는 당신의 모습은 아름답고 그 도전하는 과정이 너무나 멋집니다. 남들이 보면 무모한 도전이라고 할 수 있지만 "노력하면 반드시 이루어진다."라는 진리를 믿고 오늘도 미친 듯이 살아야 합니다. 목표도 없이 그냥 열심히만 살았던 지난날이 생각납니다. 어디로 가는지도 모르고 하루하루 열심히 살다 보면 좋은 날이 올 거라는 생각만으로 살아왔지만 크게 달라진 것이 없었습니다. 노력을 어떻게 해야 하는지에 대한 방법을 알아야 합니다. 지금까지 당신이 했던 노력은 성과를 낼 수 있는 노력이 아니었고 그냥 적당히 하는 노력이었습니다. 당신을 계속해서 이기는 노력을 해야 합니다. 오늘 하루를 탈진할 정도로 나를 밀어붙이면서 노력을 해야 합니다. 정말 치열하게 노력해야 합니다.

편안해지려고 해서도 안 됩니다. 돈이 많아졌다고 편해지려 해서는 안 됩니다. 더 노력하고 더 뛰어야 합니다. 어제와 똑같은 노력으로는 당신의 달라진 삶을 기대해서는 안 됩니다. 더 많은 책을 읽고 더 많은 교육과 강연을 찾아다니고 이를 통해 배운 지식을 실행으로 옮겨서 지식의 내면화를 만들어 내야 합니다. 남에게 설명할 수 있는 실전 지식을 쌓아야 합니다. 남에게 설명할 수 없다면 그건 지식이 아닙니다. 내 분야에서 최고를 찾아 스승으로 모시고 최고의 지식을 쌓아야 합니다. 모두가 목표를 향해 달려가는 과정에서 많은 장애물들을 만나게 됩니다. 그래서 많은 사람들이 포기하게 됩니다.

포기하는 이유는 장애물을 돌파하는 방법을 모르기 때문입니다. 피하지 말고 부딪혀 이겨 내야 합니다. 인생을 살다 보면 많은 우여곡절을 겪게 됩니다. 그렇다고 해서 인생을 포기해서는 안 됩니다. 그럴수록 당신은 목표 설정의 중요성을 느껴야 합니다.

당신의 목표가 뚜렷하고 확고하다면 어떠한 장애물이 나타나도 다 이겨 낼 수 있습니다. 하지만 목표가 없다면 당신 앞의 장애물들을 피해 다니기만 하게 될 것입니다. 그런 인생을 살다 보면 너무나 나약한 당신을 만나게 될 것입니다. 나약한 존재로 남고 싶은가요? 이제부터 어떠한 장애물도 이겨 내는 돌파력을 키워야 합니다.

야구장 가는 길

　야구장 가는 길은 너무나 신이 납니다. 좋은 사람들과 맛있는 음식을 먹으면서 멋진 승리를 기대하며 기쁜 마음으로 야구장에 갑니다. 야구장을 가기 위해서는 먼저 언제 누구랑 갈 것인지를 먼저 정해야 합니다. 요즘은 티켓팅이 어려워서 먼저 티켓팅을 해야 합니다. 순서는 상관 없습니다. 일단 내가 야구장에 가고 싶은 마음으로 언제 누구랑 갈 것인가를 정하는 게 중요합니다. 그리고 티켓팅을 성공해서 경기 당일 야구장으로 갑니다. 걸어서 갈 수도 있고 자가용을 이용하거나 대중교통을 이용해서 이동할 수도 있습니다. 만약 당신이 택시를 타고 이동했다고 가정한다면 당신이 택시를 타고 택시 기사님께 야구장이라는 목적지를 말씀드리면 당신을 야구장으로 안전하게 데려다줄 것입니다. 가는 도중 돌발상황이 생길 수도 있지만 어떻게든 당신을 야구장이라는 목적지에 데려다줄 것입니다. 왜 택시 기사님은 당신을 야구장이라는 목적지에 데려다주었을까요? 이게 무슨 질문이야? 하고 의아해 하실 수 있습니다. 당신이 야구장이라는 목적지를 말씀드렸으니 당신을 야구장을 데려다주는 게 당연하다고 생각하실 것입니다. 하지만 택시 기사님께서 야구장까지 당신을 데려다줄 수 있었던 이유는 바로 목표가 너무도 확실해서입니다. 그리고 당신이 택시 기사님께서 야구장까지 데려줄 것이라 믿고 있었고 절대 의심하지 않았기 때문입니다. 이렇듯 당신의 목표가 역전이라는 확실한 목표가 있고 그 목표를 당신에게 말해 주고 목표를 의심하지 말고 굳게 믿으면 역전이라는 목표에 당신을 데려다줄 것입니다. 쇼핑과 여행도 마찬가지입니다. 당신이 구입할 물품과 옵션 그리고 여행 목적지와 일정 계획의 디테일이 당신의 만족도를 높여 주게 됩니다. 이렇게 쇼핑 또는 여행처럼 당신의 남은 삶의 목표도 더 구체적으로 설정해 보고 계획해 보세요. 더 디테일 해질수록 당신의 목표를 이룰 수 있는 가능성이 높아집니다.

일체유심조

모든 것은 마음이 지어냅니다. 다 모든 게 마음먹기에 달렸습니다. 똑같은 상황이라도 긍정적으로 받아들이고 개선하는 사람이 있는 반면, 푸념만 늘어놓는 사람이 있습니다. 당신은 어떤 사람인가요? 그래서 당신의 마음을 항상 맑게 만드는 노력이 필요합니다. 시시각각 변화하는 당신의 상황과 외부 조건들 속에서 현재의 당신을 한탄하기보다는 지금 당신이 이 상황을 역전시킬 수 있는 방법을 끊임없이 생각하고 시도하면서 될 때까지 밀어붙여야 합니다. "기우제"가 성공하는 이유가 뭘까요? 그것은 비가 내릴 때까지 비가 내릴 것이라는 믿음을 가지고 기우제 하기 때문입니다. 당신도 역전이 될 때까지 역전이 될 것이라 믿고 역전을 위한 노력을 멈추지 않으면 됩니다. 그 어느 누구도 당신을 도와주지 않습니다. 하늘도 스스로 돕는 자를 돕는다고 합니다. 당신 스스로 당신의 실력을 키우는 겁니다. 앞으로는 지금보다 더 치열한 경쟁시대가 될 것입니다. 각 분야에서 실력이 뛰어난 사람은 계속 승리를 거듭할 것이고 실력이 없는 사람은 계속해서 패배자로 남을 것입니다. 지금까지 당신이 처한 현실과 실력 또한 많이 부족하더라도 앞으로 당신의 경쟁 상대가 누구인지를 판단하고 경쟁 상대와 경쟁을 하기 위해 무엇을 해야 하는지를 알아내고 역전을 하루도 잊지 않고 노력을 멈추지 말고 더 많은 실력을 쌓아야 합니다. 그다음에는 경쟁 상대를 이기기 위해서는 어떻게 해야 하는가를 끊임없이 생각하고 시도하면서 이길 때까지 하면 됩니다. 절대 포기하지 말고 영원한 승리자가 돼야 합니다. 당신의 목표를 매 순간 절대 잊지 않도록 해서 당신의 목표가 무의식에 박히도록 해야 합니다. 그렇게 하지 않으면 영원한 패배자로 남게 됩니다. 이러한 과정에서 고통이라는 불편한 감정을 마주할 수 있지만 고통 없이 얻는 것도 없습니다. "No pain, no gain." 더 많은 시련과 고통을 즐기면서 또 하루를 즐겨 보세요.

경청의 힘

저에게 가장 부족한 부분이 경청입니다. 상대방의 말을 끝까지 들어 준다는 것은 많은 배려와 인내가 필요합니다. 당신이 아무런 말을 하지 않고 처음부터 끝까지 상대방의 말을 들어 주기만 해도 상대방은 당신을 좋아할 것입니다. 많은 사람들이 경청을 잘 못 하는 이유는 누군가를 만나 이야기를 듣는 것보다 나의 이야기를 하고 싶어 하고 상대방이 말하고자 하는 그 의미를 파악해야 하는데 상대의 말을 들으면서 내가 무슨 말을 할까를 생각하기 때문입니다. 당신이 하고 싶은 말은 접어 두고 온전히 상대방의 말에 집중해 보세요 이제부터 경청하는 연습을 시작해야 합니다.

야구도 인생도 멘탈 게임이다

흔들리지 않는 멘탈은 역전승을 위한 필수 조건입니다. 어떠한 상황에서도 흔들리지 않고 나 자신을 지킬 수 있도록 매일 명상을 통해 강한 멘탈 훈련을 해야 한다. 매일매일 지속적으로 노력해야 합니다. 저는 코리안특급 박찬호 선수를 통해 명상을 알게 되었습니다. "Inner peace(이너피스)" 내면의 평화 또는 심신 안정을 위해서 명상을 배워 보시길 추천합니다. 매일 5분의 명상을 통해 잠시나마 당신의 내면의 안정을 위한 시간을 만들어야 합니다. 슬럼프는 누구에게나 수시로 찾아오게 됩니다. 이럴 때 가장 중요한 것은 마음의 평온함을 유지하는 것입니다. 현재의 내 모습을 인정하고 기다림이 필요합니다. 혹시 당신에게도 슬럼프가 찾아오면 명상을 통해 극복해 보세요. 그러면 슬럼프가 당신에게는 쉼표가 되어 줄 것입니다. 조급한 생각을 버리고 당신의 자세를 돌아보고 문제점을 찾아보아야 합니다. 기본에 더 충실한 플레이를 해야 합니다.

집중력과 평정심을 유지해야 한다

한 가지에 집중을 한다는 것은 쉬운 것은 아닙니다. 한 가지에 집중하기 위해서는 집중할 수 있도록 상황을 만들어야 합니다. 집중이 몰입 상태로 가도록 만들어야 합니다. 집중력을 키우기 위해서는 너무 멀리 바라보는 것보다는 눈앞에 보이는 부분까지만 집중하는 연습을 하면 됩니다. 눈앞에 보이지 않는 부분까지 보려 하기 때문에 대부분 집중을 하지 못하게 됩니다. 지금 당신의 눈앞에 놓인 상황에만 집중하는 연습을 해야 합니다. 그러면 차츰 집중력이 좋아지며 몰입의 단계로 넘어가게 됩니다. 평정심은 곧 그 사람의 마음의 그릇과 같습니다. 마음이 그릇이 넓으면 어떠한 상황에서도 흔들림이 없게 됩니다. 내 안의 욕심을 버리고 나보다도 타인을 더 생각하고 배려하는 이타적인 마음으로 평점심을 키우는 연습을 해 보세요.

도둑맞은 집중력

　집중을 방해하는 스마트폰의 등장으로 집중과 몰입이 더욱더 어려워진 현실입니다. 그래서 하나에 집중하기가 너무도 어렵습니다. 어렵기보다는 내 스스로 집중하는 노력을 하지 않는 것 같습니다. 어떠한 하나의 목표를 설정하고 시시각각 변화하는 외부 조건과 상황에서도 당신의 목표에만 집중하는 고도의 집중과 몰입을 해야 합니다. 매일 30분씩 스마트폰을 꺼 놓고 책 한 권을 집중해서 읽는 연습을 해 보세요. 그러면 집중력이 좋아집니다. 지금 현재의 부자들은 원하는 것에만 집중해서입니다. 반대로 원하지 않는 것에 자꾸만 집중을 빼앗기면 결과는 반대가 됩니다. 항상 내가 원하는 것 즉, 목표를 설정하고 한순간도 나의 목표를 잊지 않는 노력으로 당신의 목표가 무의식에 박히도록 해야 합니다.

승자 독식 시대

가장 무서운 말입니다. "오늘의 승자는 내일의 더 큰 승자가 되고 오늘의 패자는 운이 다한 것처럼 보인다." 약자는 뒤처지는 게 아니라 잔인하게 학살당하게 됩니다. 내 스스로가 경쟁력을 갖추지 못하면 이제 살아남기 힘든 세상이 되었습니다. 당신에게 더 많은 질문을 해 보아야 합니다. 그리고 그 답을 당신 스스로 찾아야 합니다. 더 많이 생각하고 더 많은 고민도 해야 합니다. 끝까지 살아남아야 합니다. 강한 자가 살아남는 것이 아니고 살아남은 자가 강한 것입니다. 외식업에서도 항상 고객만을 생각하고 고객이 무엇을 원하는지 더 깊이 생각해야 합니다. 당신의 매장의 본질은 무엇인가? 당신의 매장을 왜 방문하는가? 당신의 고객은 무엇을 원하는가? 당신의 고객은 어떠한 서비스를 원하는가? 당신이 현재 제공하는 서비스는 무엇인가? 고객의 현재 만족도는 어떠한가? 당신의 매장은 가격경쟁력 및 상품 경쟁력을 갖추고 있는가? 비교불가의 가성비 및 가치 제공을 하고 있는가? 오늘부터 당신에게 더 많은 질문을 하고 그 답을 찾는 데 고도의 집중과 몰입을 해야 합니다. 외식업뿐만 아니라 모든 사업 분야가 너무도 힘든 시기를 지나가고 있습니다. 너무도 심각한 상황입니다. 이런 상환 탓만 하고 있을 수는 없습니다. 내가 승자가 되지 못하면 패자가 되어 학살당하게 됩니다. 너무나 무서운 현실입니다. 그렇다고 해서 두려움만 가지고 살아가서는 안 됩니다. 최악의 상황을 생각하고 그런 최악의 상황이 일어나지 않도록 오늘부터 집중력 훈련을 통한 당신의 상황을 역전시키도록 노력해야 합니다. 갈수록 양극화가 심해집니다. "초저가 vs 프리미엄" 가운데는 살아남기 힘듭니다. 당신은 어느 포지션에 들어갈 것인가? 그리고 당신만의 차별화 전략은 무엇인가? 당신만의 노력으로 바꿀 수 있는 것에만 집중하는 노력으로 끝까지 살아남아야 합니다. 다시 한번 말하지만 강한 자가 살아남는 것이 아니라 끝까지 살아남은 자가 강한 것입니다.

실패와 실수를 기회로 바꾸는 법

　실패와 실수는 경기 초반에 즉, 5회까지 많이 하면 할수록 좋다고 생각합니다. 5회 이후의 실수는 뼈아플 수 있습니다.
　실수와 실패를 많이 했다고 해서 경기를 포기해서는 안 됩니다. 당신의 경기가 끝나기 전까지는 실수와 실패의 경험들은 역전의 과정의 한 부분일 뿐입니다. 중요한 건 실패와 실수를 통해 당신이 어떠한 배움이 얻게 되었느냐?입니다.
　실패와 실수를 했다고 포기해 버리면 지금까지 당신이 이루어 낸 모든 게 끝나 버립니다. 당신이 지금 길을 걷다가 넘어져 절망감으로 좌절하고 있다면 이대로 포기하지 말고 다음과 같이 생각해야 합니다. 당신이 왜 넘어졌을까?라는 원인을 생각하고 어떻게 일어설까? 하는 방법과 어떻게 앞으로 달려갈까? 하는 전략을 생각해야 합니다. 그리고 절대로 실수를 반복해서는 안 됩니다. 특히 9회 말의 실수는 당신의 경기 결과를 바꾸어 버릴 수 있습니다. 매우 뼈아픈 일이 벌어지게 됩니다. 그러니 4회까지 많이 시도도 해 보고 많이 실패도 해 보고 많은 실수도 해 보아도 괜찮습니다.

승리의 태도
– 정정당당한 경쟁과 역전의 품격

페어플레이의 중요성을 잊어서는 안 됩니다. 페어플레이는 단순 스포츠 정신이 아닙니다. 당신 자신에게 부끄럽지 않은 경기 즉, 정정당당한 승부를 해야 합니다. 만약 부정한 방법으로 승리를 했다면 당신은 영원한 패배자입니다. 반드시 기억해야 합니다. 당신 자신에게 절대 부끄럽지 않은 경기를 해야 합니다. 상대를 존중하고 배려하는 공정한 경기를 보여 주시길 바랍니다. 경기의 결과도 중요하지만 과정 또한 매우 중요합니다. 비신사적인 행동과 반칙을 통해 얻은 승리는 무의미합니다. 정정당당한 경기 후 승리를 해야 합니다. 야구뿐만 아니라, 비즈니스와 인생도 마찬가지입니다. 단기적인 이익을 위해 원칙을 저버린다면 결국 신뢰를 잃고 무너질 수밖에 없습니다. 야구에서도 심판의 오심으로 인하여 경기의 결과가 바뀌는 상황이 발생하기도 합니다. 현재의 국내 프로야구는 비디오 판독과 전 세계 야구 최초로 ABS(Automaitic Ball-Strik System) AI 자동 볼 판정 시스템과 피치 클락(20초 또는 25초 내에 투수가 공을 던지거나 타석에

들어서야 함.) 제도와 3피트 라인 범위 확대와 체크스윙 비디오 판독 시범 도입했습니다. 오심을 줄여 주고 경기 시간을 단축시켜 선수들과 관중들이 야구에 더 몰입할 수 있는 환경을 만들어 주고 있습니다. 하지만 우리가 살아가는 세상은 아직 오심이 많이 존재합니다. 이런 상황에서 감정적으로 대응하기보다는 프로다운 모습을 보여야 합니다. 오심으로 인하여 당신의 인생을 망쳐서는 안 됩니다. 만약에 발생할 수 있는 오심으로부터 당신뿐만 아니라 당신이 지켜야 할 단 한 사람을 지켜 주어야 합니다. 그러므로 당신은 더 많은 지식과 실력을 쌓아 더욱 강해져야 합니다. 앞으로 우리가 살아가는 세상도 오심이 줄어들도록 많은 시스템들이 만들어져 모두가 페어플레이하는 아름다운 세상이 되었으면 합니다.

우천 취소는 없다

　명심해라! 당신에겐 우천 취소는 없다. 야구는 5회 말까지 경기를 마치면 정식 경기로 이루어집니다. 만약 5회 말까지 경기가 끝나지 않았는데 비가 많이 와서 우천으로 경기가 취소되면 그 경기기록들은 모두 지워집니다. 당신이 힘들게 쳐낸 홈런도 사라지고 운좋게 당신의 실점도 사라집니다. 누구는 웃고 누구는 우는 상황이 발생합니다. 만약 우리의 인생도 이러면 좋을 수도 나쁠 수도 있겠지요. 하지만 당신의 인생은 우천 취소는 없습니다. 지금까지 당신의 기록들은 지워지지 않고 계속해서 쌓여만 갑니다. 그러므로 당신은 좋은 기록을 만들면서 당신의 커리어를 높이는 노력을 해야 합니다. 야구에서는 5회까지 마운드를 지키고 리드하고 있다면 승리 투수 요건을 충족시켜 1승을 추가할 수 있는 중요한 이닝입니다. 의외로 4회까지 무실점으로 호투하던 투수가 갑자기 5회에 아웃카운터 하나도 잡지 못하고 승리 투수를 눈앞에 두고 강판되는 경우도 발생합니다. 이 투수에게는 5회가 악몽 같을 것입니다. 지금까지 잘 던지던 당신도 5회에 갑자기 무너질 수도 있습니다. 항상 긴장을 늦추면 안 됩니다. 방심하면 큰코 다칩니다. 순간순간 최선을 다해야 합니다.

인생(human life)이란?

당신의 인생에서 역전의 순간을 만들어야 합니다. 당신은 인생이란 무엇이라 생각하나요? 인생(human life)이란, 인간의 삶, 인간이 생명으로서 생을 받고 희비의 과정을 거쳐 사로 마무리되는 것을 말합니다. 희비의 과정 즉, 경기에서 지고 이기는 과정을 반복하며 우리의 인생의 게임은 진행되어 가고 있습니다. 승자가 있으면 반드시 패자가 있습니다. 어제의 승자가 오늘의 패자가 될 수도 있습니다. 슬픔이 있으면 기쁨도 있습니다. 이런 희비의 과정에서 감정의 기복 없이 온전히 그 순간을 인정하고 패배를 슬퍼할 필요도 없고 승리를 기뻐할 필요도 없습니다. 당신의 마지막 승리만을 생각하며 당신이 해야 할 일에만 집중과 몰입을 하면 됩니다.

멘탈 게임
– 역전을 위한 마음가짐

　당신은 안 좋은 일로 인해 마음이 혼탁해지면 어떻게 하나요? 아마 그 일을 잊으려 노력할 것입니다. 하지만 당신이 그걸 잊으려 하면 할수록 기억들은 더 선명하게 기억될 것입니다. 만약 물통 안에 여러 가지 이물질로 인하여 물통 안의 물이 혼탁하다면 그 안의 이물질들을 밖으로 버린다고 해서 그 물통 안에 물이 맑아지지는 않습니다. 이럴 때는 맑은 물을 계속 넣어 주면 됩니다. 그러면 그 물통 안에 물은 맑은 물로 바뀌게 됩니다. 이렇듯 당신이 삶을 살아가다가 속상한 일이 생겼을 때 지우려 노력하지 마세요. 그럴수록 더 속상한 일이 더 떠올라서 당신을 더 괴롭힙니다. 이럴 때는 좋은 상상과 경험을 통해 좋은 생각들을 당신에게 넣어 주어야 합니다. 그러면 당신 안에 좋은 생각으로 가득 차게 되며 자연스레 속상한 생각은 당신 안에 들어갈 공간이 없게 됩니다. 인생도 마찬가지입니다. 우리의 생각이 혼탁할 때, 그 생각을 없애려 애쓰기보다는 좋은 생각을 채워 넣어야 합니다. 속상한 일이 있을 때는 그 생각을 지우려 하지 말고, 대신 좋은 생각을 채워 넣어 주어야 합니다. 그러면 자연스럽게 부정적인 감정이 사라지게 됩니다. 야구에서도 멘탈이 흔들리면 경기에서 이길 수 없습니다. 타자가 삼진을 당했을 때 계속 삼진 생각만 하면 다시 맞이한 타석에서 좋은 타격을 할 수 없습니다. 대신, 다음 타석에서는 내가 홈런을 친 기억, 안타 친 기억 등 이런 좋은 생각을 떠올려야 합니다. 이렇게 좋은 생각으로 타격을 하면 분명 좋은 결과가 있을 것입니다. 또 이런 생각도 도움이 됩니다. 당신은 세상에 단 하나뿐인 존재라고 생각하는 것입니다. 당신은 너무도 소중하고 세상에 큰 도움을 주는 사람입니다. 돈을 구기고 땅에 던져 발로 밟아도 돈의 가치는 절대 변하지 않습니다. 어떠한 일이 있어도 당신의 가치 또한 절대 변하지 않습니다. 그러니 당신 스스로 가치 있는 존재라 생각하고 가치 있는 존재처럼 행동해야 합니다.

우선순위를 정해라

"시급한 것이 중요한 것이 아니고, 중요한 것이 결코 시급하지 않습니다." 당신은 중요한 일을 미뤄 두고 중요하지 않은 일을 하고 있지는 않나요? 만약 당신이 사각 박스 안에 큰 돌과 작은 돌을 모두 넣어야 한다면 당신은 어느 돌부터 넣겠습니까? 반드시 큰 돌부터 채워 넣어야 합니다. 그래야만 작은 돌을 채워 넣을 수 있어서 모든 돌을 넣을 수 있습니다. 작은 돌부터 채우면 큰 돌을 절대 채울 수 없습니다. 큰 돌부터 채우는 것처럼, 당신의 인생에서도 중요한 일부터 해야 합니다. 당신은 종종 쉬운 일부터 하고, 어려운 일을 미루다가 결국 당신이 오늘 꼭 했어야 할 중요한 일을 하지 못하고 하루가 지나가 버리는 경험을 했을 것입니다. 그리고 시간이 없어서 못 했다고 할 것입니다. 맞습니다. 당연히 당신은 시간이 부족했습니다. 당신은 오늘 하루도 쉬지 않고 열심히 일을 했으니까요. 그런데 당신이 열심히 일만 한 것이 잘못된 것입니다. 생각 없이 일만 했던 것입니다. 오늘 꼭 해야 할 중요한 일 3가지를 제쳐 놓고 중요하지 않고 손쉽게 할 수 있는 일부터 했던 것입니다. 그러니 당신은 "내일은 꼭 할 거야."라는 당신과의 약속을 하고 다시 또 다음 날도 똑같이 아마 쉬운 일부터 하고 있을 것입니다. 당신만의 문제가 아닙니다. 저를 포함해서 대부분의 사람들이 이렇게 하루를 삽니다. 어느 누구보다 열심히 나 자신에게 부끄럽지 않도록 그냥 쉬지 않고 열심히 삽니다. 가장 중요하고 힘든 일은 미뤄 놓고…. 이제부터 매일 아침 눈을 뜨면 당신이 오늘 꼭 해야 할 중요한 일 세 가지를 적으세요. 그 일을 먼저 마무리를 하세요. 그리고 나서 밥을 드세요. 그 일을 하기 전까지는 밥을 드셔서는 안 됩니다. 당신은 아직 밥값을 하지 않았습니다. 오늘부터는 꼭! 밥값을 하고 나서 밥을 드셔야 합니다. 그러면 당신의 하루가 달라질 것입니다. 그리고 내일이 달라질 것입니다. 당신의 미래가 달라질 것입니다.

위기에서 살아남는 법
- 문제 해결 능력 키우기

당신이 해결할 수 있는 일에만 집중해야 합니다. 위기 상황에서 현실적으로 통제 가능한 것에 집중하는 자세가 필요합니다. 당신이 해결할 수 없는 것에 너무 집착하거나 감정적으로 접근하면 안 됩니다. 감정적 대응보다 논리적 해결 방식을 선택해야 합니다. 문제 인식 → 해결 능력 → 위기관리 능력 → 위기를 기회로 만드는 능력 이렇게 계속 반복적인 사이클입니다. 이런 반복으로 문제 해결 능력을 키우는 것입니다.

핑계는 이제 그만, 방법만 찾아야 합니다. 실질적인 해결책을 찾는 태도를 가져야 합니다. 야구에서도 이닝마다 위기가 찾아옵니다. 투수가 이미 허용한 점수에 집착하면 경기 운영이 어려워집니다. 중요하게 생각해야 할 것은 다음 타자와 어떠한 승부를 할 것인가?입니다. 완급 조절을 통해 위기를 극복해야 합니다. 당신의 완벽한 위기관리 능력으로 타자들이 반격할 수 있는 발판을 만들어 주어야 합니다. 외식업에서도 통제할 수 없는 외부 변수(경쟁, 경기 침체 등)에 감정적으로 반응하면 지치게 됩니다. 현재 문제를 인식하고 어떻게 해결할 것인가?에 대한 끊임없는 생각과 시도를 통해 해결능력 및 위기관리능력을 키워야 합니다. 이런 반복이 외식업에서의 성장을 만들어 줄 것입니다. 코리안특급 박찬호 선수는 감정에 흔들리지 않고 자기관리 및 위기관리 능력이 뛰어난 선수입니다. 자기관리를 통해 다저스 시절 초반 부진과 트레이드 후 부상 극복을 하여 다시 빅리그에서 활약하였습니다. 경기 중에는 위기 속에서도 흔들림 없는 뛰어난 위기관리 능력을 보여 주었습니다. 많은 시도와 연습이 필요합니다.

실행력의 중요성

"망설이는 호랑이는 침을 쏘는 벌보다 못하고 움직이지 않는 준마는 천천히 걷는 노마보다 못하고 요순의 지혜가 있어도 말하지 않으면 말 못 하는 자의 손짓보다 못하다." 장샤오형의 《인생의 품격》이란 책에 나온 내용입니다. 공만 끝까지 지켜보기만 하는 타자는 볼넷은 얻어 낼지는 몰라도 안타를 절대 칠 수가 없습니다. 이제 당신이 계획한 일을 하나씩 실행으로 옮겨야 할 때입니다. 망설일 필요는 없습니다. 앞으로 나아가면서 생각하면 됩니다. 내일도 단 하나에 집중하면서 그 하나를 이루어 내도록 모든 에너지를 쏟아부어야 합니다. 당신을 존재하게 만드는 한 가지가 무엇인지 생각해야 합니다. 어떠한 한 가지 행동을 해서 당신을 앞으로 전진할 수 있게도 해 주고 어떠한 한 가지 행동을 하지 않아서 당신을 멈추게도 만드는 그 단 한 가지가 무엇일까요? 지금부터 그 한 가지가 무엇인지 찾아야 합니다. 그 한 가지를 찾을 때까지 생각을 멈추면 안 됩니다. 계속해서 생각한다면 반드시 당신은 그 한 가지를 찾게 될 것입니다. 찾을 때까지 생각을 멈추면 안 됩니다.

희생의 필요성

　야구에서는 희생 번트와 희생 플라이가 있습니다. 다른 경기에서는 희생이랑 단어가 들어가지 않습니다. 축구에서는 도움이라는 단어는 있습니다. 도움과 희생 약간은 비슷한 부분은 있습니다. 자신보다 상대방을 위하는 것입니다. 야구에서 승리를 위해 자신을 희생한다는 것을 그리 좋아하지 않을 수 있습니다. 보통 야구는 3회에 한 번의 타석을 맞이합니다. 안타와 득점이 많이 발생하면 한 회에 두 번의 타석을 맞이할 수도 있지만 평균적으로 한 경기에 출전하면 3~4번의 타석을 맞이하게 됩니다. 자신의 타석에서 멋진 홈런으로 팬들에게 강한 인상을 남겨 주고 싶은 게 모든 선수들의 바람일 수도 있습니다. 하지만 경기의 승리를 위해 자신을 희생하는 것입니다. 너무 멋지지 않은가요? 자신의 희생으로 팀의 승리에 기여한다면 기꺼이 희생하여야 합니다. 그 희생은 너무나 아름다운 것입니다.

용규놀이

용규놀이라는 말을 들어 보았나요? 과거 기아타이거즈에서 활약하다 현재는 키움히어로즈팀의 플레잉 코치인 이용규 선수가 타석에 들어서서 상태 투수의 공을 계속해서 컷트해 내는 것보고 이렇게 말합니다. 이용규 선수는 자신의 공이 올 때까지 스트라이크와 비슷한 공은 계속 커트를 합니다. 원하든 원하지 않든 계속 배트에 맞춥니다. 이렇게 배트에 맞춘다는 것은 엄청난 집중력이 있다는 것입니다. 이렇게 계속 배트에 맞추며 파울올 만들어 낸다면 상대 투수는 흔들릴 수밖에 없습니다. 정말 서로 멘탈 싸움을 하고 있는 것입니다. 이렇게 타자가 용규놀이를 하면 투수는 정말 미칠 지경일 것입니다. 선발투수가 한 경기에 100개 정도 투구를 하는데 보통 5회를 던진다고 보면 한 이닝에 20개 정도의 공으로 세 명을 상대로 세 개의 아웃 카운트를 잡아야 합니다. 그러면 평균적으로 한 타자에게 던지는 공은 7개 정도가 돼야 합니다. 그런데 한 타자에게 20개 이상의 공을 던진다면 투수는 그 이닝에 엄청난 정신적·육체적 체력을 소진하게 된 것입니다. 그렇게 하여 타자가 아웃이 되더라도 그 타자는 홈런을 친 선수와 같은 역할을 한 것입니다. 득점은 없었지만 상대방 팀에게 엄청난 데미지를 줄 수 있었습니다. 그리고 틈을 만들어 낸 것입니다. 이제 나머지 타자는 그 틈을 계속 파고들면 됩니다. 아무리 강력한 투수가 나와도 반드시 역전 드라마를 만들어 낼 수 있게 됩니다.

예측타격

당신은 상대의 어떤 공을 노리고 있나요? 과연 상대는 당신에게 어떠한 공을 던지게 될까요? 당신은 유인구를 참으면서 당신이 원하는 공이 올 때까지 참고 기다려야 합니다. 예측 타격으로 운 좋게 홈런을 칠 수도 있지만 헛스윙 삼진을 당할 수도 있습니다. 예측타격은 확률이 떨어집니다. 상대 투수의 공을 예측하고 미리 타격하는 게 아니라 상대 투수의 구질을 분석하고 당신에게 어떤 공으로 승부해 올 것인가를 먼저 생각해야 합니다. 그리고 당신은 그 공 하나를 선택해야 합니다. 그리고 그 공이 올 때까지 참고 기다려야 합니다. 상대방의 실투를 참고 기다려야 합니다. 만약 초구에 당신이 원하는 공이 오며 과감하게 배트를 돌리는 것도 나쁘지는 않습니다. 하지만 당신이 4번 타자가 아니라면 최소한 공은 세 개 정도 보는 것이 좋습니다. 상대 투수는 당신에게 던질 3개의 공은 미리 세팅을 해 놓았을 것입니다. 그렇다면 당신은 이 공 세 개를 지켜볼 정도의 여유를 가져야 합니다. 만약 상대 투수가 원하는 대로 재구가 되어 스트라이크를 연속 2

개를 던졌다면 당신은 큰 위험에 빠질 수도 있습니다. 그래도 조급하게 생각하지 말고 침착해야 합니다. 투 스트라이크 이후에 바로 승부구를 던질 수도 있지만 대부분이 위인으로 당신을 유혹할 것입니다. 그 유혹을 참아내야 합니다. 그리고 스트라이크와 비슷한 공은 가볍게 컷트를 해내야 합니다. 그 유혹을 참아내고 참아내면 반드시 당신이 원하는 그 공의 당신 눈앞으로 날아올 것입니다. 그 순간 당신은 과감하게 배트를 던져야 합니다.

크리닝 타임

반격의 시작

야구에서 5회가 끝나면 그라운드 크리닝 타임(정비시간)이 있습니다. 5회까지 그라운드에 선수들이 땀 흘리며 달렸던 흔적들이 있습니다. 부상방지를 위해 패인 그라운드도 정비하고 지워진 선들도 다시 잘 보이도록 그려 줍니다. 선발경기로 나오지 않았던 선수들은 경기 후반 투입 준비를 위하여 가볍게 몸을 풀어주기도 합니다. 이제 당신의 인생도 반이 지나갔습니다. 현재 당신의 스코어는 어떻게 되나요? 승리를 하고 있다면 후반 필승조 투입으로 마지막까지 승리를 거두시길 바라고 만약 지고 있다면 이 크리닝타임을 잘 활용해서 반격의 6회를 만들어야 합니다.

휴식도 전략이다
- 이닝 교체의 순간

당신 자신의 소리를 들어 본 적이 있나요? 오늘 하루 수고한 당신에게 술 한잔 사 주었나요? 위로의 말 한마디 건네었나요? 오늘 하루를 돌아보고 오늘 하루 최선을 다한 당신에게 격려의 한마디 건네주는 건 어떠한가요? 당신의 대답은? YES or NO. YES면 지금처럼 당신에게 계속해서 근사한 선물을 선사하고 NO라면 하루에 한 번은 자기 자신을 돌아보는 시간을 가져보기를 바랍니다. 오늘 하루 수고한 당신에게 휴식과 위로를 해 주어야 합니다. 그 시간이 당신에게 쉼표가 되어 줄 것입니다. 쉼이 없이는 당신은 금방 지칠 것이고 쉽게 포기하게 될 것입니다. 수시로 당신의 방향을 체크하는 시간도 갖기 바랍니다. 안식처를 만들어야 합니다. 지친 당신에게 위안과 위로가 되어 주고 안식처가 되어 줄 그런 공간을 만들어야 합니다. 당신에게 위로가 되어 줄 심야 식당이라는 술집이 집 근처에 있다면 더욱 근사할 것입니다. 만약 없다면 〈심야식당〉과 비슷한 분위기가 있는 단골 혼술집 또는 혼밥집 하나 만들길 바랍니다. 카페도 좋습니다. 그

곳이 당신의 쉼터이니까요. 그곳이 당신의 기댈 곳이니까요. 그곳에서 당신이 회복과 재충전이 될 것입니다. 야구에서는 이닝이 교체되는 순간이 있습니다. 야구 경기에서 이닝 교체의 시간이 전략적으로 중요한 것처럼, 인생에서도 쉼표가 필수적입니다. 야구에서도 경기 중 휴식 없이는 집중력을 발휘할 수가 없습니다. 이닝 교체 때 선수들이 숨을 돌리고, 다시 전략을 점검하듯 야구와 인생에서도 휴식은 필수입니다.

   코리안특급 박찬호 선수도 마운드에서 내려오는 순간이 있었습니다. 그 순간순간의 휴식이 그의 긴 커리어를 만든 원동력이다. 사업과 인생도 마찬가지다. 하루를 돌아보며 위로하고, 재정비하는 시간을 갖지 않으면 지치고 결국 포기하게 될 것입니다.

수면의 중요성

잠은 잘 주무시나요? 불면증에 시달리지는 않나요? 잠이 보약이라는 말도 있습니다. 사람이나 동물이 잠을 자야 하는 이유는 깨어 있는 동안 활발히 활동하는 신경세포들이 수면을 통해 지쳐 버린 뇌의 기능을 재설정한다고 합니다. 수면은 우리 삶에 정말 중요한 역할을 합니다. 불면증에 혹시 시달리신다면 과도한 카페인 섭취와 낮에 자는 습관 그리고 대부분 극심한 스트레스와 잡다한 생각 때문인 경우가 많다고 합니다. 불면증은 순전히 정신적, 심리적인 차원에서 발생하게 되는 질환일 가능성이 높습니다. 마음에서 발생한 근본적인 원인이 신체적인 증상으로 나타난 것입니다. 치열한 경쟁 사회를 살아가면서 스트레스가 많아지고 누적되면서 불면증이 아주 흔한 증상이 되어 버린 것 같습니다. 고민거리나 걱정거리 때문에 잠을 못 주무시나요? 그렇다면 머릿속으로만 생각하지 말고 종이에 써 보세요. 시각적으로 분명한 언어로 표현하는 것은 어지러운 생각을 정리하는 데 매우 탁월한 방법입니다. 불면증에 시달리신다면 남들보다 뒤처질 수밖에 없습니다. 오늘 하루도 잘 먹고, 잘 놀고, 잘 자야 합니다.

메모의 중요성

사람은 망각의 동물입니다. 아무리 번뜩이는 아이디어라도 기록하지 않으면 금방 잊어버립니다. 그래서 반드시 메모하는 습관을 들여야 합니다. 저는 필기와 음성 메모를 함께 활용합니다. 글로 적을 수 없을 때나 순간적으로 떠오른 생각을 하나라도 놓치지 않기 위함입니다. 이런 메모들이 제가 지금의 책을 쓸 수 있게 해 주었습니다. 메모는 당신의 중요한 아이디어를 보관해 줍니다. 기억을 도와줍니다. 실행력을 높여 줍니다. 당신만의 메모하는 습관과 방법을 만들어야 합니다. 어떤 방식이든 상관없습니다. 중요한 것은 기록하는 습관을 들이는 것입니다. 메모는 단순한 기록이 아니라, 기억을 보완하고 아이디어를 발전시키는 강력한 도구가 됩니다. 메모는 생각을 정리하는 데 중요한 도구이며, 이를 통해 다음 전략을 더 명확하게 세울 수 있기 때문입니다. 당신의 실수도 현저히 줄여 줄 것입니다.

생각도 정리하는 습관이 필요하다

정리하는 습관을 길러야 합니다. 저의 가장 큰 약점이 정리입니다. 정리를 가장 못합니다. 물건들, 생각들, 핸드폰과 노트북 안의 내용들 버리지 못하고 쌓아 두기만 하고 정리도 잘 하지 못합니다. 버려야 새로운 것을 채울 수 있고 정리정돈도 가능합니다. 이것이 저의 가장 큰 약점이며, 반드시 보완해야 할 숙제입니다. 정리는 단순히 공간을 정리하는 것뿐만 아니라 생각을 정리하는 것도 매우 중요합니다. 머릿속이 복잡하면 어떤 결정을 내려야 할지 헷갈리고, 결국 행동이 느려지게 됩니다. 그래서 저는 복주환 작가의 《생각 정리 스킬》을 참고하며 생각들을 정리하는 습관을 만드는 노력 중입니다.

저처럼 정리가 어려운 사람이라면 정리 습관을 만들기 위해 작은 것부터 시작해 보길 바랍니다. 예를 들어, 하루에 하나씩 필요 없는 물건을 버리기. 머릿속이 복잡할 때 메모로 정리하기. 해야 할 일을 목록으로 만들고 우선순위를 정하기. 이처럼 정리는 곧 실행력을 높이는 도구입니다. 그리고 정리의 시작은 버리기 입니다. 그다음으로 자리 정해 주기입니다. 정리 습관을 들이면 생각이 명확해지고, 행동이 빨라지며, 더 나은 결정을 내릴 수 있습니다. 정리를 잘해야 반격을 시작할 수 있습니다. 혼란스러운 상태로는 제대로 된 작전을 짤 수 없습니다.

라면 먹고 합시다

야구장에서 먹는 컵라면은 말로 표현이 안 됩니다. 라면은 대한민국을 넘어 전 세계 모든 사람들에게 사랑받는 음식입니다.

대부분 사람들이 역전을 만들어 내지 못한 이유가 뭘까요? 어떤 이는 역전을 만들어 내고 어떤 이는 역전을 만들어 내지 못합니다. 무엇 때문에 역전을 만들어 내고, 만들어 내지 못하는 걸까요? 역전을 만들어 낸 사람은 역전이 만들어질 때까지 항상 역전을 생각하고 있었다는 것입니다. 역전을 만들지 못한 사람은 역전한다는 목표를 정해 놓고 역전에 대한 생각을 하지 않고 잊어버린 것입니다. 그러니 당연히 결과는 달라집니다. 요리에 비유한다면 당신이 TV에서 라면을 먹고 있는 모습을 보고 당신도 라면이 먹고 싶어졌습니다. 그래서 편의점에서 라면 한 개를 사옵니다. 그리고 라면에 넣을 파와 달걀을 준비합니다. 그리고 냄비에 물을 550ml 넣고 불을 붙입니다. 여기까지는 모두가 동일하게 잘합니다. 그 불을 붙여 놓고 누군가는 그 라면이 끓어 완성될 때까지 계속해서 라면만 생각하고 라면에만 집중하고 있었습니다. 그러면 당연히 맛있는 라면이 완성되었습니다. 하지만 다른 누군가는 라면에 불을 붙여 놓고 내가 라면을 끓이고 있다는 것을 잊어버리고 친구의 전화를 받고 나가 버리거나 TV나 핸드폰 보는 것에 빠져 버립니다. 라면이 다 쫄아서 국물이 하나도 없거나 잘못되면 집안에 화재가 일어날 수도 있습니다. 당연히 라면은 실패하게 됩니다. 라면에 실패한 이는 어떤 기분이 들까요? "아, 깜빡했었네." 하고 결과물에 대해 많은 실망과 좌절을 느끼게 될 것입니다. 역전도 마찬가지입니다. 당신이 역전을 만들고 있다고 하는 것을 잊어버리는 순간 그 역전은 당연히 만들어질 수 없습니다. 이제 당신이 역전을 만들고 싶다고 하면 계속해서 그 역전을 생각하고 한순간도 잊지 않고 그 역전에 집중하면 됩니다. 그러면 당신은 역전을 만들어 낼 것입니다.

불펜투수가
경기를 좌우한다

최고의 컨디션을 유지해야 하는 이유

당신의 불펜은 막강한가? 대타 자원은 풍부한가? 컨디션은 최고의 상태로 유지되어 있는가? 최고의 컨디션을 유지하도록 많은 지원과 관심을 가져야 합니다. 선수들의 실력도 중요하지만 결국 경기 당일 컨디션이 가장 중요합니다. 당연히 선수 스스로 최상의 컨디션 유지를 해야 할 의무와 책임이 있습니다. 하지만 감독과 코치는 잘 체크해야 할 의무와 책임이 있습니다. 최고의 실력과 최상의 컨디션을 유지한 선수들을 선발 출장시켜야 합니다. 최상의 컨디션을 만들어 줄 당신만의 최적 루틴을 만들어야 합니다.

임계점을 돌파하라!
- 최선을 다하였는가?

"이게 최선인가?" 99도에서는 절대 물이 끓지 않는다. 100도가 되어야 끓는다. "이게 최선이야?"라는 말을 광주광역시 서구청에서 마련해 주신 "장사의신 아카데미" 교육 중《한국형 장사의 신》저자 김유진 대표님에게서 듣게 되었습니다. 이 말을 듣는 순간 머리를 한 대 얻어맞는 느낌이었습니다. 제 자신에게 너무도 부끄러웠습니다. 정말 열심히는 살았지만 최선을 다하는 삶은 살지 않았던 것 같습니다. 오늘 하루 최선을 다했다면 마지막 내 몸은 더 이상 서 있을 수도 없고 더 이상 앞으로 걸어 나갈 수도 없는 탈진 상태가 되어 있어야 합니다. 하지만 나에게 아직도 많은 힘이 남아 있었습니다. 이렇게 힘이 남아 있는데도 너무 힘들었다고 생각했습니다. 당신의 몸이 탈진할 하루를 살아가지 않았다면 당신은 최선을 다하지 않은 것입니다. 말로만 당신도 "이게 최선이었습니다."라고 말하는 것일 뿐입니다. 오늘 하루 내 몸이 완전히 탈진할 정도로 최선을 다해 오늘을 살아야 합니다. 야구에서도 마찬가지입니다. 타석에서 99%의 집중력을 발휘하는 것과 100%의 집중력을 발휘하는 것은 결과가 달라집니다.

코리안특급 박찬호 선수가 메이저리그에서 성공할 수 있었던 이유도 이와 같습니다. 그는 자신의 한계를 시험하며 100도를 넘어서기 위해 끊임없이 노력했습니다. 우리는 종종 "이 정도면 최선을 다했어."라고 생각합니다. 하지만, 과연 정말 그게 최선일까? 내 몸이 완전히 탈진할 정도로 노력해 본 적이 있나요? 대다수의 사람들은 적당한 수준에서 멈춥니다. 그러나 진정한 역전은 한계를 넘을 때 시작합니다. 매일 밤, 스스로에게 물어보세요. '나는 오늘 99도에 머물렀는가, 아니면 100도를 넘었는가?' 코리안특급 박찬호 선수는 최선의 노력과 훈련으로 한국인 최초의 메이저리거가 되었고, 이치로 선수는 매일 루틴을 지키며 최선을 다해서 3,000 안타를 달성했습니다. 데릭 지터는 "내가 할 수 있는 모든 것을 했는가?"라는 질문을 매일 자신에게 던졌던 선수입니다.

걸림돌 or 디딤돌

산을 오르다 보면 발아래 돌이 많이 있습니다. 어떤 이는 이를 걸림돌이라고 생각하고 어떤 이는 이를 디딤돌이라고 생각을 합니다. 걸림돌과 디딤돌, 이 돌들은 같은 돌입니다. 이를 내가 어떻게 바라보느냐에 따라 결과는 엄청난 차이를 냅니다. 앞으로 펼쳐질 나의 삶에서도 엄청난 장애물들이 생겨날 것입니다. 이것을 벽으로 보느냐, 문으로 보느냐에 따라 당신 인생의 결과물 또한 큰 차이를 만들어 냅니다. 누구에게나 많은 시련과 위기는 찾아옵니다. 그 순간 내가 어떻게 바라 보느냐가 중요합니다. 왜?가 아닌 어떻게를 생각해야 합니다. 방법을 찾을 때까지 당신에게 계속해서 질문해야 합니다. 그러면 신기하게도 그 답을 찾게 됩니다. 인간은 시련과 고통 속에서 더 단단해지고 성장하게 됩니다. 당신은 갑자기 생각지 못한 시련과 위기의 순간이 닥치면 먼저 겁을 먹을 것입니다. 그리고 두려움을 느끼게 될 것입니다. 그러나 절대 두려워해서는 안 됩니다. 당신이 겁을 먹는 건 당연합니다. 누구나 겁을 먹습니다. 그러나 두려움 가지면 안 됩니다. 두려움이 밀려들면 이 상황을 헤쳐 나갈 방법과 생각을 하지 못하게 되기 때문입니다. 그럴 때는 차분히 현재 상황을 직시하고 내가 할 수 있는 것과 하지 못하는 것을 구분해서 내가 할 수 있는 것 하나에만 집중하면 됩니다. 그러면 새로운 기회가 생겨납니다. 지금 많이 힘든 상황을 지나가고 있습니다. 저 또한 당장 내가 무엇을 어떻게 해야 하는가에만 집중하고 있습니다. 당신의 부족함을 찾아가면서 그 부족함을 채우는 노력을 해야 합니다.

두려움은 당신이 만들어 낸 것이다

상대할 선발투수가 최고의 투수인가? 당신이 상대할 타자가 최고의 타자인가? 그래서 두려움을 느끼는가? 두려움은 왜 생기는 걸까? 결과는 어떻게 될지는 그 누구도 알지 못하는데 아직 일어나지 않은 일에 먼저 겁을 먹기 때문입니다. 당신의 상상이 만들어 낸 결과입니다. 두려워하지 말고 지금 당신 앞에 있는 그 공에만 집중해야 합니다. 그러면 당신이 최고의 타자이고 투수가 될 것입니다. 두려움은 왜 만들어지는 것일까? 당신은 현재 일어나지 않는 일에 대해 걱정하고 당신이 상상하던 일이 일어나면 어떡하지? 하는 상상을 하고 있기 때문입니다. 현실로 일어나지 않는 일이 꼭 현실처럼 일어난 것처럼 당신이 생각하기 때문에 두려움을 느끼는 것입니다. 이런 생각이 들수록 당신은 현재에 집중해야 합니다. 지금 당신이 해야 할 일 지금 하고 있는 일에 더 집중과 몰입을 해야 합니다. 그러면 그런 쓸데없는 두려움이 사라질 것입니다. 절대로 두려움을 만들어 내지 말아야 합니다. 모든 두려움은 당신 스스로 만든 것이니까. 당신이 생각한 그 두려운 일은 절대로 일어나지 않습니다. 당신을 믿고 지금 하는 일에 집중 또 집중해야 합니다. 두려움은 당신이 만들어 낸 환상일 뿐입니다.

지금 이 순간에 집중하세요. 그러면 당신이 게임의 주인공이 됩니다!

두려움 극복 레시피

🍲 재료 준비

- 현재 집중력 100g
- 긍정적인 자기 암시 50g
- 불필요한 걱정 제거 70g
- 몰입하는 자세 80g
- 자신감 120g

🍲 조리 방법

1. 현재 집중력 100g을 준비하여, 눈앞의 공(현실)에만 신경 쓰도록 한다.
2. 긍정적인 자기 암시 50g을 추가하여, '나는 해낼 수 있다.'는 확신을 심는다.
3. 불필요한 걱정 70g을 제거한다. (아직 일어나지 않은 일에 대한 두려움을 버리기)
4. 몰입하는 자세 80g을 넣고, 현재 해야 할 일에 집중한다.

5. 마지막으로 자신감 120g을 더해 두려움을 완전히 극복한다.

🍲 완성

* 불확실한 미래에 대한 불안이 사라지고, 현재 상황을 온전히 즐길 수 있다.
* 두려움을 극복하고 최고의 플레이(결과)를 만들어 낼 수 있다.

약속의 8회

신뢰의 중요성
– 약속은 꼭 지켜라!

야구에서는 8회 하면 "약속의 8회" 이런 말이 있습니다. 한일 전에서 우리나라 대표 팀이 특히 많이 보여주었습니다. 지고 있던 경기를 8회 말에 역전하는 경기를 심심치 않게 보여 주었습니다. 요즘에는 우스갯소리로 "약속만 하지 말고 꼭 지키자!!!" 이런 응원 푯말도 보입니다. 당신도 누군가와 약속만 하는가? 당신이 뱉은 말에 책임을 져야 합니다. 누군가와 약속을 했다면 목숨을 걸고 꼭 지켜야 합니다. 그리고 지키지 못할 약속은 절대 하면 안 됩니다. 그렇게 하여 당신의 팬들에게 신뢰를 쌓아서 당신도 약속의 8회를 만들어 보세요.

리더의 역할과 책임

리더란 무엇일까? 부모란 무엇일까? 리더의 역할과 책임은 무엇이라 생각하나요? 부모의 역할과 책임은 무엇이라 생각하나요? 당신은 리더가 되고 싶나요? 누가 리더가 될까요? 저는 리더와 부모는 같다고 봅니다. 부모도 리더처럼 생각하고 행동해야 합니다. 그게 부모의 역할이고 책임입니다. 지난 시간 저는 리더로서 부모로서 부족한 자질로 인하여 자녀와 직원들에게 많은 아픔과 고통을 주고 말았습니다. 그들의 의견을 무시한 채 제가 원하는 방향으로 이끌려고 했던 게 문제였습니다. 그들의 마음과 욕구를 읽지 못했던 게 너무도 많이 미안한 생각이 듭니다. 이제부터는 책임과 역할을 다하도록 더욱 노력하는 리더가 되겠습니다. 리더십의 본질은 울타리가 되어 주어 구성원들이 스스로 성장할 수 있도록 도와주는 것입니다. 당신은 지시적 부모인가요, 지원적 부모인가요? 과도한 지시와 지원은 문제를 야기합니다. 부모의 역할과 책임은 무엇일까요? 부모는 자녀가 안전하게 성장할 수 있도록 울타리가 되어 주어야 합니다. 부모의 꿈을 대신 이루어 주는 존재가 당신의 아이가 아닙니다. 자신만의 꿈들이 있습니다. 당신의 아이가 무엇을 하고 싶은지, 무엇이 되고 싶은지, 무슨 생각을 하는지, 자주 물어봐 주어야 합니다. 그리고 당신의 아이가 꿈을 이룰 수 있도록 최대한 많은 도움과 지원을 해 주는 게 부모 역할입니다. 오늘 학교에 다녀온 자녀에게 당신은 어떠한 말을 먼저 하나요? 당신이 자녀였을 때 부모님에게 어떤 말을 듣고 싶었던가요? 학교에 다녀온 자녀에게 부모가 자녀에게 해 주어야 할 첫 번째 건넬 말은 "오늘 학교에서 어떠한 질문을 하였니?"입니다. 배움은 많은 질문을 통해서 얻어집니다. 당신의 자녀가 모든 면에서 우수하길 바라지 않나요? 그렇다면 많은 질문과 발표하는 문화를 만들어 주세요. 가정에서 질문과 발표 그리고 토론하는 연습을 통해 학교에서도 수업 중 많은 질문과 많은 발표를 하여 자녀의 경험과 지식을 쌓도록 도와주어야 합니다. 리더도 마찬가지입니다. 많은 질문과 발표를 유도하고 이끌어 내야 합니다. 그렇게 하면 함께 성장을 하게 될 것입니다. 절대 자녀에게 부정적인 말과 행동을 해서는 안 됩니다. 자녀가 목표한 곳으로 안전하게 갈 수 있도록 부모는 도와주어야 합니다. 당신이 가고 싶은 길로 자녀가 가게 해서는 안 됩니다. 당신이 가고 싶어 한 곳이 있듯이 자녀도 가고 싶은 곳이 있습니다. 그곳이 당신은 위험하게 느껴질지 몰라도 자녀는 그곳이 가장 안전하다고 느낄 수도 있습니다. 세상에서 가장 안전한 곳은 절대 없습니다. 위험요소는 어느 곳이든 항상 존재합니다. 위험을 무조건 피해 가라고만 할 것이 아니라 위험으로부터 자신을 보호하고 방어하는 방법 등을 가르쳐 주어야 합니다.

피그말리온 효과를 기억하라

"피그말리온 효과"라는 말을 들어 보았나요? 당신이 간절히 믿으면 그 믿음이 이루어진다는 것입니다. 리더와 부모에게 가장 중요한 것은 자신의 팀과 자녀를 무조건 믿어야 한다는 것입니다. 당신의 믿음으로 모든 게 시작됩니다. 상대가 믿고 있다고 느낄 수 있도록 믿음을 주어야 합니다. 그러면 반드시 그 믿음에 보답할 것입니다. 자녀에게 많은 질문과 격려 그리고 칭찬을 아끼지 말아야 합니다. 그리고 질책을 삼가야 합니다. 문제를 잘 해결하고 위기를 극복할 수 있는 힘을 길러 주어야 합니다. 홀로 설 수 있게 스스로 하는 법을 가르쳐 주어야 합니다. 마음이 아파서 대신해 주는 일은 절대 삼가해야 합니다. 고기를 잡아 주지 말고 잡는 법을 가르쳐 주어야 합니다. 스스로 깨닫고 스스로 이겨 낼 수 있도록 옆에서 묵묵히 응원을 해 주면 됩니다. 그리고 아무 말 하지 말고 꼭 안아 주세요. 그리고 수고했다고 자랑스럽다고 말해 주세요. 그러면 당신의 자녀는 당신이 원하는 방향으로 가려 할 것입니다.

끝날 때까지
끝난 게 아니다

9회 말 2아웃, 그러나 끝날 때까지 끝난 게 아니다

"유종의 미"라는 말이 있습니다. 가장 좋아하는 말입니다. 끝날 때까지 끝난 게 아니다. 마지막까지 온 힘을 다해 싸워야 합니다. 현재 당신이 이기고 있든 지고 있든 관계없이 승리를 위해 최선을 다해야 합니다. 호랑이도 토끼 한 마리를 잡을 때 최선을 다합니다. 마지막까지 당신은 최선을 다하고 있는가? 당신 자신에게 질문을 던져 보라!!!

결정적 한 방의 중요성

야구의 가장 큰 매력은 "만루 홈런 한 방"입니다. 3점을 지고 있는 상황에서도 만루 홈런 한 방에 4:3 역전승을 할 수 있기 때문입니다. 반대로 역전패를 당할 수도 있습니다. 당신에게 만루 홈런을 쳐 줄 4번 타자가 준비되어 있는가? 없다면 지금부터 만들어야 합니다. 그래야만 당신의 9회 말이 기대될 것입니다. 이길 수 있다고 믿는 자만이 승리할 수 있습니다. 당신 자신을 믿어야 합니다. 당신에 대한 강한 신념으로 인해 기적이 일어납니다. 경기 시작 후 경기에 대한 승리를 단 한순간도 잊지 않고 가슴속에 깊이 간직하고 경기에 임한다면 당신은 반드시 승리를 하게 될 것입니다. 당신의 승리에 대해 한 치의 의심 없이 승리에 대해 굳게 믿으며 승리를 위한 비범한 노력을 하여야 합니다. 확고한 믿음 + 비범한 노력 = 기적, 이 공식처럼! 당신도 9회 말에 기적을 만들어 보세요!

마지막 이닝에서 필요한 용기

"야구는 끝날 때까지 끝난 게 아니다."라는 말이 있습니다. 당신에 대한 신념 자신감을 가지고 한 구 한 구에 집중해야 합니다. 당신의 역전 드라마에 당신의 팬들은 열광할 것입니다.

경기장을 준비하라
- 삶을 이어 가는 법

야구에서 경기장은 단순한 공간이 아닙니다. 당신이 훌륭한 경기를 마쳤다고 해서 경기장이 당신 것이 될 수 없습니다.

그곳에서 선수들은 자신의 모든 것을 쏟아부으며, 다음 경기를 준비해야 합니다. 우리가 인생에서 좋은 성과를 내더라도, 그 자리는 결국 다음 세대가 이어받게 됩니다.

코리안특급 박찬호 선수도 메이저리그에서 수많은 경기장을 거쳐 갔습니다. 하지만 그가 떠난 후에도 그 경기장은 여전히 존재하며, 또 다른 선수가 그곳에서 새로운 역사를 만들어 갑니다. 당신의 인생도 마찬가지입니다. 당신이 지나온 길은 다음 세대가 걸어갈 길이 됩니다. 당신이 경기장을 정비하지 않으면, 후세들은 더 힘든 경기를 치르게 됩니다. 우리가 해야 할 일은 경기장을 정비하고, 다음 세대가 더 좋은 환경에서 멋진 경기를 펼칠 수 있도록 돕는 것입니다. "고수는 경기장을 놀이터로 만들고, 하수는 지옥으로 만든다."라는 〈신의 한 수〉 영화에서 나오는 대사입니다. 태도의 차이가 인생을 즐거운 경험으로 만들 수도, 고통스럽게 만들 수도 있다는 점을 강조합니다. 삶을 즐기는 사람은 인생을 놀이터로 만들지만 두려움과 불안에 사로잡힌 사람은 그곳을 지옥으로 만들게 됩니다.

인생의 라스트씬(last scene)
- 당신은 어떤 결말을 원하는가?

당신 인생의 라스트씬(last scene)을 생각해 본 적이 있나요? 저의 인생의 라스트씬은 사랑하는 아내와 마지막까지 함께하는 것입니다. 나의 마지막을 사랑하는 나의 아내와 해피엔딩으로 마무리하는 장면을 떠올리면 가슴이 너무 벅차오릅니다. 이런 내 인생의 라스트씬을 위하여 노력을 멈추지 않고 있습니다. 저는 사랑하는 아내를 마지막까지 지키기 위해 저는 더더욱 강해지기로 결심했습니다. 노랫말 가사처럼 제가 매일 눈을 뜨는 이유이고 제가 절대로 쓰러질 수 없는 이유이기도 합니다.

인생이란? 나의 라스트씬과 현재의 모습의 차이 이 간극을 줄여 가는 과정이라 생각합니다. 이 간극을 줄여 일치하게 만드는 사람이 역전 드라마의 주인공일 것입니다.

당신의 라스트씬을 가슴 깊이 간직하고 매 순간 잊지 않고 살아가야 합니다. 그러면 반드시 당신의 인생의 역전 드라마의 주인공이 될 것입니다. 당신 인생의 주인공은 바로 당신이니까. 그래서 인생이란? 최후의 모습과 현재 모습의 차이를 줄여 가는 과정이라고 정의하고 싶습니다. 인생을 장기적인 시각으로 바라보고 당신의 라스트씬을 가슴 깊이 간직하고, 매 순간 잊지 않고 살아가야 합니다. 목표를 명확히 하면, 삶의 방향성이 분명해집니다. 그러면 반드시 당신의 인생 역전 드라마의 주인공이 될 것입니다. 역전을 이루려면 명확한 비전과 지속적인 노력이 필요합니다.

당신 인생의 주인공은 바로 당신입니다. 당신이 주체적인 삶을 살아가야 합니다. 마지막을 멋지게 장식하는 사람만이 역전 드라마의 진짜 주인공이 될 수 있습니다. 야구 선수들도 은퇴 후를 생각하며 현재를 살아갑니다. 코리안특급 박찬호 선수는 MLB 은퇴 후에도 후배들을 돕고, 한국 야구 발전을 위해 노력하며 자신이 원하는 라스트씬을 만들어 가고 있습니다.

우리도 삶의 라스트씬을 떠올리고, 그 목표에 맞춰 살아야 합니다. 라스트씬을 현실로 만들기 위해서는 매일의 작은 승리(스몰 게임)를 통해 나아가야 합니다. 지금 당신이 살고 있는 모습이 당신이 원하는 라스트씬과 일치하나요? 당신이 주인공인 인생역전 드라마를 만들어야 합니다.

당신이 눈을 감는 순간 당신은 어떠한 말과 평가를 듣고 싶은가요? 그것이 당신의 인생의 가치관과 당신 인생의 라스트씬이 될 것입니다. 당신은 왜 일을 하는 것입니까? 당신 인생의 마지막을 한 번쯤은 생각해 보셨나요? 혹시 생각 안 해 보셨으면 곰곰이 내 인생의 마지막 장면을 한번 떠올려 보세요. 당신은 무엇을 위해 살아가고 있습니까? 당신 인생의 마지막 모습 즉, 당신 인생 마지막은 어떤 장면이 될까요? 당신이 원하는 라스트씬을 떠올리면 앞으로 당신의 남은 인생을 어떻게 살아가면 되는지 방법들을 알게 될 것입니다.

목표를 가지고 살아간다는 것은 매우 중요합니다. 목적지가 없다는 것은 방황을 하고 있다는 것입니다. 당신이 가야 할 곳을 모르고 살아간다는 것은 매우 무책임한 것입니다. 당신 인생의 라스트씬을 항상 생각하고 산다는 건 당신이 가야 할 곳을 바라보고 살아가고 있다는 것입니다. 그렇게 남은 인생을 살아간다면 당신이 원하는 라스트씬으로 눈을 감을 수 있습니다. 생각만 해도 너무나 행복하지 않습니까? 그렇게 살아온 당신을 힘껏 안아 주며 수고했다고~ 잘했다고~ 한마디 하며 눈물을 흘리겠죠.

당신 인생의 주인공은 바로 "당신"입니다. "나"답게 살아야 합니다. 그것이 아름다움입니다. 누구의 간섭도 받지 않고 내가 주도적으로 살아가는 삶. 그게 당신을 위한 삶이고 당신이 살아가는 이유이기도 할 것입니다.

목표를 설정하고 산다는 게 쉽지 않을 것입니다. 목표를 설정하는 것도 어렵고 목표를 설정했다고 하더라도 그 목표를 이루기 위한 과정에서는 더 많은 노력을 필요로 합니다. 그게 두려워서 계획도 목표도 전략도 없이 살아가서는 안 됩니다. 이럴 때는 그냥 편하게 나의 인생의 마지막 장면은 어떤 모습일까? 한번 떠올려 보세요. 이 책을 통해 이것만 한번 생각해 보는 기회가 되었으면 합니다.

그리고 또 하나, 당신은 왜 일을 하나요? 이 부분도 한번 생각해 보는 시간이 되었으면 합니다. 김단 작가님의 《역주행의 비밀》이라는 책에서 인간의 탄생을 거대한 대리석으로 태어난다고 표현했습니다. 그래서 누군가는 그 대리석 자체로 생을 마감하는 경우도 있는데. 제발 당신은 그러지 않기를 바라고 있습니다. 당신이 상상하는 조각상을 만들고 마침내 당신이 완성한 당신의 조각상을 끌어안고 눈물을 흘릴 수 있도록 끊임없이 대리석을 내리쳐야 한다고 지속적인 노력을 강조했습니다. 남이 가진 대리석에 대한 시기와 질투를 버리고 당신이 원하는 조각상을 만날 때까지 당신이 가지고 있는 당신의 대리석만을 바라봐야 합니다.

심야식당61 이야기

심야식당61 브랜드 스토리

대한민국 최초의 푸드 스토리텔러 노유진 교수님께서 광주전남 외식업 카네기클럽 강의 후 선물로 만들어 주셨습니다. 다시 한번 감사의 말씀드립니다.

"야구장의 밤은 끝나지 않았습니다. 심야식당61에서 이어지는 9회 말의 여운, 그리고 61가지의 이야기가 당신을 기다립니다."

1. 시작은 어디에서나 시작됩니다. 전설적인 야구 선수 박찬호의 백넘버 61에 감명을 받아, 심야식당61은 그 숫자를 상징으로 삼았습니다. 숫자 61은 한 야구 선수의 노력과 열정, 그리고 무한한 가능성을 상징하는 숫자입니다.

2. 조용한 밤, 깊은 대화 심야식당61은 광주 최초의 심야식당으로, 조용하고 아늑한 공간에서 혼자만의 시간을 즐길 수 있습니다. 야구를 사랑하는 30~40대를 위한 이곳에서는 단순한 음식

과 술 이상의 것을 제공합니다. 따뜻한 마음이 담긴 요리와 음악을 통해 추억의 여행을 떠나게 해 드립니다.

3. 61가지의 안주, 61가지의 이야기.

오너 쉐프가 4개의 조리사 자격증을 보유하여 한식, 중식, 일식, 양식까지 다양한 메뉴를 선보입니다. 특히 숫자 61을 상징으로 삼아 61가지 다양한 안주와 메뉴를 준비해 두었습니다. 혼밥부터 혼술까지, 여기서는 하루를 마무리하며 나만의 시간을 가질 수 있습니다.

4. 여러분의 이야기를 담다.

우리는 고객님에게 특별한 경험을 제공하고자 합니다. 조용하고 편안한 분위기에서 음악과 함께, 혼자만의 시간을 가질 수 있도록 최선을 다하고 있습니다. 매월 6일은 '혼술 데이'로, 여러분이 나만의 시간을 가질 수 있도록 특별한 이벤트도 준비하고 있습니다.

마치 야구장에서의 하루를 마무리하는 것처럼, 심야식당61에서의 하루도 아름답게 마무리됩니다.

우리는 고객님이 가진 하루의 피로와 스트레스를 조용하고 아늑한 분위기에서 해소할 수 있도록 다양한 경험을 제공합니다.

여기는 단순히 음식점이 아닌, 사람들이 모여 대화하고 추억을 만들 수 있는 공간입니다.

"심야식당61에서 여러분의 9회 말을 시작해 보세요.
당신을 위한 61가지 메뉴와 이야기가 준비되어 있습니다."

심야식당61은 이렇게 시작되었다

불혹의 나이 40세가 되던 그 어느 날 문득 70세 나의 모습을 떠올려 보았습니다. 과연 나의 70세는 어떤 모습일까? 어떤 모습이 가장 멋진 모습일까? 이런 질문을 나에게 던져 보았습니다. 만약 당신이 아침에 눈을 떴는데 아무것도 할 것이 없다면 너무나 슬프지 않을까요?

대부분의 사람들은 지금 하고 있는 일들이 힘이 들어 쉬고 싶다. 아무것도 안 하고 놀고 싶다라는 생각이 간절할지도 모릅니다. 하지만 당신이 아침에 눈을 떴는데 아무런 할 일이 없다면 너무나 공허할 것입니다. 당신의 존재 가치가 없어진 것이니까요. 하루하루 죽음을 기다리면 사는 것이 삶의 의미가 되어 버린 것이니까요.

저는 꼭 의미 있고 삶의 마지막까지 열정적으로 살고 싶은 마음이 간절했습니다. 그리고 흰머리의 멋진 노인이 흰 앞치마를 하고 열정적으로 요리를 하고 있는 모습을 떠올리니 가슴이 뜨거워지는 걸 느꼈습니다. 그래서 이 길이 내가 가야 할 길이고 결정했습니다.

그래서 아내에게 먼저 동의를 얻은 후에 화물차 운전 일을 하던 나는 2013년 12월 18일 하던 일을 정리하고 요리의 기본과 기초를 배우기 위해 2013년 12월 19일 곧바로 요리학원에 등록을 했습니다. 그리고 1년여간의 요리학원에서 한식, 중식, 일식, 양식 그리고 제빵과 디저트 등 기초를 다지기 위한 배움의 시간을 가졌습니다. 그리고, 국가 조리사 자격증 시험에 도전했습니다.

필기시험을 한번에 합격하고 실기시험 접수를 할 때까지만 해도 자신감이 충만했었습니다. 하지만, 생각보다 쉽지 않았습니다. 실기시험에서 3번 연속 탈락을 거듭하니 화도 나고 자신감도 떨어져 응시를 포기를 하고 말았습니다. 이런 나의 모습에 사랑하는 아내가 많이 실망을 하는 것 같았습니다. 그동안 옆에서 응원해 준 아내에게 너무 미안하고 부끄러웠습니다.

그래서, 다시 도전하기로 결심하게 되었습니다. 그리고 여러 번의 도전 끝에 국가 조리사 자격증 한식, 중식, 일식, 양식 2014년 9월 18일 4개의 조리사 자격증을 모두 취득하였습니다. 여기에서 얻은 교훈이 있습니다. 누구나 포기만 하지 않는다면 원하는 건 다 얻을 수 있는 것입니다. 단, 그 지루하고 힘든 시간을 이겨 냈을 때 가능한 것입니다.

요리학원을 다니면서 2년 정도 현장경험을 하고 드디어 2015

년 8월 20일 "심야식당61"을 오픈하였습니다. 신기하게도 집중력이 부족했던 내가 요리를 시작하면서 엄청난 집중력이 생기기 시작했습니다. 처음 나의 매장을 처음부터 끝까지 혼자 해 보고 싶었습니다. 주변에 니에게 조언해 줄 수 있는 사람이 없었던 나는 책에서 많은 정보와 도움을 받아서 직접 인테리어에도 도전 했습니다.

창피하게도 심야식당61을 시작하기 전까지 책을 단 한 권도 보지 않았습니다. 내 나이 40세까지 단 한 권의 책도 읽지 않았습니다. 그랬던 내가 독서의 필요성과 중요성을 알게 된 지금은 책을 좋아하게 되었고 주변에 책도 선물하고 권유도 하게 되었습니다. 책에는 당신이 원하는 모든 것들이 담겨져 있습니다. 다만 당신이 그 책을 찾지 못한 것뿐입니다. 당신의 노력만큼 당신의 것이 됩니다.

요리학원에서 알게 된 동생 성주 덕분으로 일본 드라마 〈심야식당〉을 알게 되었고 끝까지 옆에서 궂은일을 도와주었고 작은형님의 도움 그리고 사랑하는 딸 단비의 메뉴판과 간판을 써 준 도움 덕분으로 드디어 심야식당을 2015년 8월 10일 오픈하게 되었습니다.

일본 드라마 〈심야식당〉처럼 ㄷ자 다찌에 총 자리는 총 10석으로 시작하였습니다. 의자를 2~3개 더 놓을 수 있었지만, 일본의 초밥 장인께서 한 말이 생각났습니다. "당신의 시야에 들어온 고객만이 당신 고객이다." 매출보다는 고객에게 더 집중하고 싶었습니다. 정성 가득한 요리를 내어주고 고객의 이야기도 차분히 들어주고 싶었습니다. 이렇게 심야식당61이 시작되었습니다.

왜 심야식당61인가?

"심야식당 61" 숫자 61에 대해 대부분 관심이 없는데 간혹 궁금해하시는 분들이 간혹 있습니다. 정답을 알고 확인하시는 분도 있으시고 어떤 분들은 이런 질문을 하십니다. 61년이세요? 6일 영업하고 하루 쉰다는 의미인가요? 심야식당 프랜차이즈 61호점이에요? 정답은 코리안특급 박찬호 선수 등번호입니다. 요즘 MZ 세대 분들은 대부분 모르시더라고요. 박찬호 하면 기아타이거즈의 박찬호 선수를 더 많이 알고 있어요. 저 또한 기아타이거즈의 박찬호 선수도 좋아합니다.

제가 20대 때는 박찬호 선수가 선발 등판경기는 한 경기도 놓치지 않고 보았습니다. 새벽에 경기가 있으면 알람을 맞춰 놓고 일어나서 응원을 할 정도로 많이 좋아했습니다. 박찬호 선수의 승리만을 기원하며 정말 열심히 응원했습니다. 승리 투수가 된 날은 저에겐 너무나 행복한 하루가 되었고, 패전 투수가 된 날은 너무나 우울한 날이었습니다. 박찬호 선수를 통해 야구를 좋아하게 되었고 야구를 사랑하게 되었습니다. 그리고 야구선수 박찬호와 인간 박찬호를 통해 삶에 대해서도 많은 걸 배우게 되었습니다. 그래서 지금은 야구선수 박찬호가 아닌 인간 박찬호를 더 좋아합니다. 철저한 자기관리, 대한민국을 사랑하는 마음과 꿈을 가지고 노력하는 후배 선수들에게 많은 도움을 주는 나눔과 베풂. 아내와 자녀에 대한 사랑과 가장으로서의 강한 책임감, 멈춰 있지 않고 새롭고 끝없는 도전정신, 매일 명상으로 건강하고 강한 정신력을 유지하고 명상 후 런닝운동으로 건강하고 튼튼한 체력관리 등 많은 배움과 가르침을 받고 있습니다. 이제 9년 뒤에 2033년 그를 만나 함께 식사를 하는 상상을 해 봅니다. 그날까지 최선의 노력을 다짐해 봅니다.

나의 마음이
고객에게 전달되는 그날까지

심야식당61을 오픈하고 1년 정도 지난 어느 날 그 말은 정말 잊을 수 없습니다. 그 말을 해 주신 고객님이 누구인지 기억은 나지 않지만 제가 그 말을 듣는 순간 내 몸에 전율이 흘렀습니다. 그 말 한마디는 "사장님의 마음을 느끼고 갑니다."였습니다.

나의 마음이 단 한 분의 고객에게라도 전해지기를 바라며 심야식당61을 운영했는데 그 꿈이 이루어졌습니다. 정말 행복했습니다. 너무 바빠서 감사하다는 표현도 제대로 못 한 게 너무나 미안했습니다. 책을 통해서라도 말씀드리고 싶습니다. "고객님! 그날 그 말씀 너무나 감사했습니다."

저는 심야식당61에 오시는 모든 고객님들이 올 때마다 행복하고 즐거움을 느끼고 가길 바랍니다. 이 공간에서 고객과 함께 기뻐하고 슬퍼하며 서로 위로와 격려도 해 주며 함께 추억을 만들어 가고 싶습니다.

제가 심야식당61을 시작할 수 있었던 가장 큰 자신감은 요리를 맛있게 만들지는 못해도 대한민국에서 최고로 정성스러운 요리를 만들 자신은 있었습니다. 그 자신감 하나로 지금 여기까지 온 것 같습니다. 우연히 TV를 보다가 이연복 셰프님께서 요리학교 학생들에게 요리에서 가장 중요한 것이 무엇이냐는 질문을 하셨습니다. 그래서 학생들이 "맛이요."라는 대답이 가장 많았습니다.

저 또한 맛이라고 생각했었습니다. 그런데 이연복 셰프님께서는 이렇게 말씀하셨습니다. "마음"이다. "마음" 이 말은 듣는 순간 큰 깨달음을 얻었습니다. 어떠한 마음가짐으로 요리를 만들어야 하는지를 알게 되었습니다. 최대한 나의 마음을 요리 한 접시에 담을 수 있도록 나의 마음에 고객에게 전달될 수 있도록 더 집중하는 노력을 했습니다. "요리 한 접시가 위안이 되는 곳" 심야식당61입니다.

혼술을 위한 공간

 혼자 밥이나 술 한잔하고 싶어도 2015년에는 그런 공간이 부족했었습니다. 아니, 거의 없었습니다. 어느 식당에 가서 혼자 술 한잔하려 해도 주인의 눈치가 봐야 했습니다. 그래서 바쁜 시간을 피해 이용하게 됩니다. 그래서 혼밥 또는 혼술 하고 싶은 분들이 좀 더 편안함을 느끼고 더 대접받을 수 있는 공간을 제공하고 싶었습니다.

요리 한 접시가 위안이 되는 곳

심야식당61이 당신에게 요리 한 접시로 위안이 되어 주고, 치열하게 살아가는 세상 속에서 당신만의 안식처가 되어 줄 것입니다. 나의 하루를 돌아볼 수 있는 시간과 공간을 제공하고 있습니다.

당신 삶에서 하나의 쉼표, 쉼터가 되어 주고 싶습니다. 당신만의 안식처이자 쉼터가 사라지면 많이 아쉬워할 것입니다. 영원히 당신 곁을 떠나지 않고 이러한 공간을 더 많이 만들기 위해서 제가 더 노력하는 이유입니다. 항상 마음속에 간직된 추억처럼 머릿속으로만 떠올려도 입가에 미소만 짓게 만드는 당신을 위로해 주고 포근히 안아 주는 존재가 되겠습니다.

따뜻한 마음과 추억
그리고 만남이 있는 곳

심야식당61은 세 가지 서비스를 제공해 드립니다. 하나는 따뜻한 마음을 드립니다. 또 하나는 잊지 못할 추억을 만들어 드립니다. 그리고 마지막은 그리운 만남을 제공해 드립니다.

심야식당61에 들려 마음, 추억, 만남을 가져가세요.

심야식당61 사용법

요리 + 야구 + 음악이 3요소가 있는 당신만의 공간인 심야식당 61의 사용법입니다. 이 공간을 만들고 싶었던 가장 큰 이유는 지금은 혼술, 혼밥을 자연스럽게 접할 수 있었지만 2015년에는 혼자서 식사 또는 술 한잔하려면 그러한 공간도 없었고 일반 음식점에서는 많은 눈치를 봐야 했습니다. 돈이 많은 분들은 이런 눈치를 보지 않았겠지만 돈 없는 20대 초반 술 한잔 먹고 싶은데 주머니 사정은 안 되어서 편의점에서 소주 하나 새우깡 하나 사서 근처 공원에서 마시곤 합니다. 이젠 그러지 마세요. 심야식당 61에 와서 만 원으로 술 한잔 근사하고 우아하게 그리고 편안하게 대접받으면서 마실 수 있는 공간이 있으니까요.

심야식당61 메뉴이야기

심야식당61은 메뉴가 61가지가 있습니다. 골라먹는 재미가 있습니다. 메뉴에는 추억이 담겨져 있습니다. **가영**이가 좋아하는 어묵튀김을 시작으로 새로 나오는 신메뉴 메뉴명에 단골 고객님의 이름을 넣어 주기 시작했습니다.

연호가 좋아하는 꿀맛탕, **형석**이가 좋아하는 불짜장, **박현희** 고객님의 **박여사**가 좋아하는 육회샐러드, **황의신** 고객님 이름이 들어간 스테이크**의 신 홍경준** 고객님 이름이 들어간 "**경준**이는 그럴 만두 하지" 20살부터 이곳을 사랑해 준 **민서, 현지, 은정** 이름이 들어간 "**민서**는 **현지**인 입맛 **은정** 말 아니다" 연애를 시작한 **태량**이와 **재량**이를 위한 "따뜻한 **재량**이와 부드러운 **태량**이가 만났을 때" **정두희** 고객님을 위한 "**정말 두부는 희고 예쁘다**" 2년 넘게 내 곁에서 도움을 준 **고윤정**의 메뉴 "**고구마튀김은 윤기** 나는 맛탕보다 **정말** 맛이 있을까?"

광주의 대표적인 투수 **선동렬** 선수를 생각하면서 만든 "**무등산 폭격기**"와 김형미 고객님을 위한 "**김형미국수**" 그리고 8년여

우수 단골고객 야구에 미친 여자 야미녀 **강태희** 고객님을 위한 "**걍** 무례한 **태희**" 언제나 바보 같은 미소를 날려 주는 동네바보 **동용**이를 위한 "**동용**이 나가시끼야" 이렇게 심야식당61의 메뉴들은 고객과 함께 만들어 가고 있습니다.

  그 외에도 식사만 하고 싶으면 규동(소고기 덮밥), 가츠동, 사케동(연어 덮밥), 간장새우밥 추운 날엔 따뜻한 우동에 소주 한잔. 배고프면 가츠동(돈가스 덮밥)에 소주 한잔. 배부르면 일본 드라마 〈심야식당〉에 나오는 비엔나소시지에 소주 한잔 월급이나 용돈 받은 날엔 심야식당61의 시그니처 메뉴인 "역전의 레시피"로 이름을 변경할 오코노미야끼에 하이볼 한잔. 곤부지메(다시마 숙성 방식)로 숙성한 숙성연어에 사케 한잔 스트레스 때문에 매운 음식이 생각날 때 매콤닭발, 해물야끼우동, 닭버터구이 달달한 기분이 들면 꿀맛탕, 치즈베이크 비린 맛이 그리우면 시메사바(고등어 초절임), 시사모구이 밤 12시가 넘으면 히든 메뉴 불짜장에 맥주 한잔 마지막엔 계란탕 또는 떡국으로 마무리!

  매일 와도 질리지 않고 새로움을 느끼는 공간 식사부터 가벼운 안주까지 61가지의 메뉴가 준비되어 있는 공간 1차부터 4차까지 가능한 공간, 혼자 오시는 고객을 위한 공간입니다.

매월 6일 혼술 DAY

  심야식당61에서 매월 6일에는 "혼술 데이" 이벤트가 있습니다. 오직 혼술 고객에게만 결제 금액의 61%만 받습니다.
  무려 39% 할인 혜택을 드립니다. 혼술이 두려우신가요? 당신의 하루를 돌아보고 오늘 하루 수고한 당신에게 위로의 술 한잔 건네 보세요. 매월 6일은 혼술 데이를 기억하시고 이날만큼은 혼술에 도전해 보면 어떨까요? 요리 한 접시가 위안이 되는 곳. 심야식당61은 언제나 당신의 9회 말을 응원합니다.

야심인 DAY

매년 6월 1일 오후 6시부터 오후 11시까지
심야식당61의 멤버쉽인 "야심인"과 함께
즐거운 시간을 보내는 야심인 데이가 펼쳐집니다.

1인 창업 이야기

1인 창업에 관한 이야기를 해 보겠습니다. 대한민국 남자들이 인생에서 한 번은 해 보고 싶어 하는 게 어떤 것일까요? 그것은 제가 지금 혼자서 운영하는 일본 드라마 〈심야식당〉마스터처럼 심야식당을 한번 해 보고 싶어 합니다. 적어도 하루에 한두 분 정도 이런 말씀을 하십니다. 저도 사장님처럼 이런 가게 한번 해 보고 싶어요!!! 그럼 저는 지금 당장 시작하시면 된다고 이야기해 줍니다. 그러면 90% 이상 돌아오는 대답은 "제가 요리를 못해서요."라는 핑계를 대기 시작합니다. 그러면 저는 상황에 따라 자세히 설명해 주기도 하고 간략하게 설명해 주기도 합니다.

   요리의 실력이 크게 중요하지 않습니다. 요리는 반복되면서 실력이 쌓이게 됩니다. 요리 실력보다 더 중요한 3가지가 있습니다. 첫 번째는 최상의 컨디션으로 요리할 준비가 되어 있는가?입니다.

   미니멀리스트키친을 운영하시는 이수부 셰프님께서 쓰신 책 《오늘 하루 마음을 내어 드립니다》에서보고 큰 깨달음을 얻었습니다. 요리에서 가장 중요한 레시피는 무엇일까요? 그건 요리를 만드는 사람의 컨디션입니다. 철저한 자기관리입니다. 운동선수가 경기에 나가기 전에 최상의 컨디션으로 몸 상태를 만들어 준비하듯 매일 자신의 몸 상태를 최상의 컨디션으로 준비하는 겁니다.

두 번째는, 요리에 대한 태도가 중요합니다. 요리에서 가장 중요한 건 이연복 쉐프님이 강조한 "마음"이에요. 나의 마음을 담을 수 있는 요리를 드시는 고객에게 나의 마음이 전달되도록 매장에 들어서는 순간부터 집중과 몰입을 해야 합니다. 세 번째는 업(業)으로 생각하고 있느냐입니다.

당신이 하고 싶어 하는 심야식당을 "직"으로 생각하느냐? "업"으로 생각하느냐? 이 차이가 당신을 멈추게도 하고 더 성장하게도 합니다. 대부분 단순히 하고 싶다라는 것이지 노력해서 싶어 하지는 않는 것 같습니다.

드라마 〈심야식당〉 마스터처럼 하고 싶어 하지만 현실은 많이 다른 부분이 있어요. 대충 준비해서 손님들과 술 한잔 마시면서 이야기 나누며 즐겁게 운영하고 싶어 합니다. 힘든 훈련을 하기 싫고 멋진 경기장에서 멋진 플레이만 하고 싶어 합니다. 그런 선수는 경기에 절대 뛰지 못합니다. 만약 운 좋게 뛰게 된다 해도 그 경기가 마지막 경기가 될 것입니다.

앞에서 말한 이 3가지만 준비되면 멋진 경기장에서 당신만의 멋진 플레이를 할 수 있습니다. 심야식당 같은 1인이 운영하는 식당은 큰 대박은 없지만 앞으로 어떠한 외부 상황과 조건에도 절대로 무너지지 않고 롱런할 수 있다고 생각합니다. 심야식당 콘셉트가 아니더라도 1인이 운영하는 매장은 앞으로 외식업 시장에서 생존 확률이 가장 높을 것 같습니다. "시작이 반이다."라는 말이 있듯이 지금 당장 준비를 시작해 보세요. 지금이 당신의 인생에서 가장 젊은 나이이니까요. 마음가짐, 올바른 자세, 건강한 정신과 몸 상태 유지 제가 앞에 언급했던 이 세 가지를 장착하고 당신만의 색깔을 입혀 콘셉트를 만들고 당신의 이야기로 브랜드 스토리를 만들어 가면 됩니다.

박세니 마인드 코칭 대표님께서는 일의 재미를 결정짓는 요소는? 사전에 얼마나 철저한 준비를 거친 후에 경험했는가?라고 말씀하셨습니다. 철저한 준비와 노력으로 지금 힘들고 어려운 자영업 시장에서당신의 이야기를 만들어 보세요

   1인 창업 그리 어렵지 않아요. 자영업의 아무런 지식이 없고 교육비용이 부담된다면 유튜브와 책 그리고 배민아카데미 온라인 또는 오프라인 무료교육을 통해서도 많은 도움을 받을 수 있습니다. 좀 더 기초적이고 깊이 있는 외식업교육이 필요하신 분은 김유진아카데미와 맥형아카데미를 통해 도움을 받으실 수 있

습니다. 광주광역시에 거주하시는 분은 남도외식업 카네기클럽에서 심화적인 교육으로 도움을 받으실 수 있습니다. 멘탈의 보완이 필요하신 분은 박세니 마인드코칭을 통해 도움을 받으실 수 있습니다. 많은 교육과 노력을 통해 외식업을 더욱 발전시키실 강한 1인 창업을 하시는 분이 많아졌으면 합니다. 요리 한 접시가 위안이 되는 곳 심야식당61은 언제나 당신의 9회 말을 응원합니다.

당신의 인생은 아직 끝나지 않았다

지금 당신의 인생은
몇 회를 하고 있는가?

현재 스코어는 어떠한가? 현재 선수들의 컨디션은 어떠한가? 역전할 준비가 되어 있는가? 최종 시리즈 우승을 위한 준비는 되어 있는가?

지금부터 당신의
역전 드라마를 써 내려가라

　이제부터 지난 이닝에 대해서는 잊어라. 지금 스코어 차이를 인식하고 스코어를 어떻게 극복할 것인가에 대해 집중하라. 그리고 반드시 역전시켜라. 그래야만 당신을 응원해 준 팬들에 대한 보답을 하는 것이다. 잊지 마라! 항상 당신의 팬들은 당신을 사랑하고 응원하고 있다는 것을… 다음은 영화 〈행복을 찾아서〉에서 나온 대사입니다. "다른 사람들이 네가 할 수 없다고 말하도록 내버려 두면 안 돼. 네게는 꿈이 있잖아. 넌 그걸 지켜야 돼. 사람들이 너한테 할 수 없다고 말하는 건 자기가 그걸 할 수 없어서야. 원하는 게 있다면 가서 쟁취하면 돼."

끝까지 싸우는 자만이 역전한다

    최선을 다하는 투혼(끝까지 싸우려는 기백을 말한다)을 펼쳐라. 역전의 레시피를 보고 당신은 역전을 위한 요리를 시작했습니다. 필요한 재료를 구입했고, 재료 손질도 모두 마쳤습니다. 화구에 팬을 올리고 역전을 만들기 위한 불을 켰습니다.

    이제 당신은 역전의 레시피대로 순서에 맞게 요리를 하면 됩니다. 이제 당신은 화구에 불을 붙이는 순간부터 불을 끌 때까지 짜릿한 맛의 역전을 만드는 것에만 집중해야 합니다.

    명심하세요!!! 잠시 다른 생각을 하는 순간 당신의 역전은 실패한다는 것을. 집중과 몰입을 통한 당신의 마음과 혼이 담긴 이 세상 최고의 역전을 만들어야 합니다. 그렇게 정성스럽게 만든 역전을 당신을 지금까지 응원해 준 팬들에게 그 짜릿한 맛을 보게 해 주어야 합니다. 그리고 팬들과 함께 감동의 눈물을 흘려야 합니다.

역전을 위한 MSG

⚾ 한국 최초의 메이저리거 코리안 특급 박찬호

연습, 연습, 연습, 충실한 연습의 목표는 성공이 아닌 익힘입니다. 긍정(올바름)이 몸에 익으면 발전한다. 발전이 거듭하는 동안에 성공(승리)의 반환을 맛본다. 그때그때의 성공은 반환이지 메인 요리가 아니다. 메인 요리는 삶이다. 나의 삶의 목표는 성숙이다. 긍정이 익어 있는 영혼이 성숙이라 한다면 나의 꿈은 끊임없는 성장이 될 것이다. 미안합니다! 사랑합니다! 고맙습니다! 감사합니다!

⚾ 프랭클린의 13가지 원칙

1. 절제 - 둔해질 때까지 먹지 않고, 정신을 잃을 때까지 마시지 않는다.
2. 침묵 - 다른 사람이나 자기 자신에게 도움이 되는 것 이외에

는 말하지 않는다. 하찮은 대화는 하지 않는다.

3. 정돈 - 모든 물건은 제자리에 둔다. 모든 일에 정돈할 시간을 가져라.

4. 결심 - 당연히 해야 할 일을 하기 위해 결심하라. 결심한 일은 반드시 행하라.

5. 검약 - 다른 사람과 자기 자신에게 좋은 일을 하기 위한 것 외에는 지출을 하지 마라. 즉, 조금도 낭비하지 마라.

6. 근면 - 시간을 낭비하지 마라. 항상 뭔가 유용한 일을 하라. 불필요한 행동은 절대 하지 마라.

7. 성실 - 해가 되는 속임수는 쓰지 마라. 올바르고 공정하게 생각하고, 이에 따라 말하라.

8. 정의 - 해를 끼치거나 주어야 할 이익을 주지 않을 잘못을 저지르지 마라.

9. 중용 - 극단을 피하라. 당연히 손해를 입을 만하다고 생각하고 손해를 분하게 여기지 말고 참아라. 손해에 대해 분개하는 것을 억제하라.

10. 청결 - 신체, 의복 및 거주지를 언제나 청결하게 유지하라.

11. 평정 - 일상적이거나 피할 수 있는 일 또는 하찮은 일로 마음을 어지럽히지 마라.

12. 순결 - 건강이나 종족 보존을 위해서가 아니라면, 기운이

빠지거나 몸이 약해지거나 자신과 상대방의 평화나 체면을 손상시킬 정도의 성생활은 삼가라.
13. 겸손 - 예수와 소크라테스를 본받아라.

탈무드 채근담

세상에서 가장 현명한 사람은 배우는 사람이고 세상에서 가장 강한 사람은 자기를 이기는 사람이고 세상에서 가장 행복한 사람은 범사에 감사하는 사람이다. 행복은 언제나 감사의 문으로 들어와서 불평의 문으로 나가고 감사의 분량이 행복의 분량이다.

야구 경기가 끝나면 기록만 남는다

    2025년 2월 24일 새벽 4시 아버님께서 90세 생을 마감하셨습니다. 9회 말까지 멋진 경기를 펼쳐 주신 아버님에게 존경을 표합니다. 자주 찾아가 응원해 드리지 못해서 죄송합니다.

    그동안 수고 많으셨습니다. 이제 편히 쉬세요. 영원히 기억하겠습니다. 아버님은 과연 당신의 삶에 만족을 하셨을까? 인간은 태어나서 죽음을 맞이할 수밖에 없습니다. 그리고 한 줌의 재가 되어 형체가 없어져 버립니다. 나라는 존재도 땅에 묻힐 것입니다.

    너무 허무하지 않은가요? 누구나 삶을 마감하면 한 줌의 재가 되어 아무것도 가지고 갈 수 없습니다. 그러므로 욕심을 버리고 모든 이에게 많은 도움을 주도록 노력해야 합니다.

    당신이 살아 숨 쉬는 동안에 최대한 많은 행복감을 느껴야 합니다. 슬퍼할 필요도 없고 후회할 필요도 없습니다. 지금 이 순간 당신 자신을 느끼고 즐겨야 합니다. 결국 당신에게 남는 건 무엇인가? 야구 경기가 끝나면 기록만 남는다. 당신은 어떤 기록을 남길 것인가요? 당신은 지금 이 순간을 제대로 즐기며 살고 있는가요? 모든 것에 감사하고 또 감사한 삶을 살아야 합니다.

동행
- 같은 곳을 보고 함께 가는 것

어릴 적 많은 기억은 없지만 그때를 떠올리면 우울한 느낌이 많이 듭니다. 비 오는 날 동네 골목길 어귀 처마 밑에서 누군가를 기다리고 있는 기억들. 그래서 인지 비가 내리면 왠지 슬퍼집니다. 아버지 자전거 뒤에 노란 바구니에 타고 따라가 농사를 짓는 부모님의 모습을 보며 노란 바구니 안에서 혼자 놀았던 기억들. 무언가 나를 더 위축시키며 남과 더 어울리는 것에 두려움이 있었던 것 같습니다.

누군가와 함께 노는 것보다 혼자 노는 것이 더 나에게는 오히려 편했습니다. 그렇게 나는 혼자 노는 것에 익숙해져 갔습니다. 이러한 시간이 흘러가다 보니 남에 대한 배려심도 부족하고 남의 말을 경청하는 부분도 많이 부족합니다. 대화 역시 많이 미숙하고 그래서 사람과의 관계를 단절하며 살았던 것 같습니다.

혼자 노는 것에 많이 익숙해져 가던 나는 다른 사람과 함께 하는 것 자체가 아직도 많이 힘든 부분입니다. 혼자 있는 것이 좋았던 내가 지금은 나를 너무나 사랑해 주는 사랑하는 아내와 함께하는 시간이 제일 행복하고 기다리지는 시간입니다. 이제 혼자가 아닌 함께 하고 싶습니다. 조금씩 남과 어울리는 것을 노력 중입니다. "동행" 이제 빨리 가는 것이 아닌 멀리 가고 싶습니다.

역전의 레시피

안녕하세요? 오늘 팬들에게 새롭게 선보일 요리는 "역전오마카세"입니다. 자, 이제부터 "역전오마카세"를 시작해 보겠습니다. 어제 역전오마카세를 만들어서 사랑하는 팬들에게 대접한다고 생각하니 너무 설레서 쉽게 잠을 이루지 못하였습니다. 그래도 일찍 잠자리에 들어서인지 오늘 컨디션은 최고입니다.

오늘 만들 역전오마카세의 짜릿한 맛이 생각나서 입안에 침이 고이고 가슴이 마구 뜁니다. 마음을 진정시키고 차를 몰고 광주송정역 앞에 위치한 송정 역전 재래시장으로 재료 준비를 하러 갑니다.

우선 역전오마카세에 들어갈 가장 중요한 재료부터 구입해야겠습니다. 이 송정 역전 재래시장이 처음 열렸을 때부터 지금까지 3대째 자리를 지키고 있는 신념수산에서 확고한 신념 한 마리를 구입했습니다. **확고한 신념**은 팬분들이 많이 찾으셔서 매일 한 마리씩 구입합니다.

그리고 나서 시장 입구 도로변에서 비가 오나 눈이 오나 매일 제일 먼저 나오시는 노력 여사님에게서 **비범한 노력** 한 다발을 구입했습니다. 노력 여사님이 파시는 모든 것들은 직접 텃밭에서 정성스럽게 키운 것들입니다. 그래서 더 믿음이 갑니다. 그리고 재료가 너무 신선해서 재료 손질할 때 기분이 너무나 좋습니다.

그리고 신메뉴인 역전을 만들어서 담을 그릇도 한 세트 구입해야겠습니다. 재래시장 중간지점에 있는 감정그릇 가게에서 감정통제 그릇 한 세트를 구입했습니다. 너무도 깨끗한 하얀색 그릇입니다. 이 흰색의 **감정통제** 그릇을 보니 내 마음도 하얗게 맑아지네요. 그릇을 보느라 시간이 많이 흘러 버렸습니다. 조금 서둘러야겠습니다.

속이 꽉 찬 **칭찬** 한 포기와 예쁜 종이로 곱게 싸여져 있는 **존중** 한 송이를 사니 아주머니께서 덤으로 **배려** 하나를 넣어 주었습니다. 입가에 미소가 지어지네요. 감사하다는 말을 전하고 매일 직접 경매입찰에서 받아오셔서 물건을 파는 곳이 있는데 늦게 가면 다 떨어져 버리기도 합니다. 기대를 하면서 빠른 걸음으로 달려갔습니다. 다행히 물건이 있습니다. **기회** 한 바구니와 **운** 한 다발을 구입하니 마음이 놓입니다.

잠시 숨을 돌리기 위해 의자에 잠시 앉아 있는데 수레를 밀고 다니면서 차를 팔길래 시원하게 **돌파력** 한잔 마셨습니다. 가슴이 뻥 뚫리는 것 같습니다.

이제 장을 다 본 것 같아 주차장으로 걸어가는데 주차장 입구에서 예쁜 꽃과 나무를 팔고 있었습니다. 자연스럽게 구경하다가 **모소대나무** 한그루를 사 가지고 차로 이동하여 이제 역전을 만들 들뜬 기분으로 매장으로 이동하는데 아차, 깜빡하고 구입 못 한 게 있네요. 그래서 근처 마트에 가니 다행히 깜빡한 물건이 있었습니다. 셀프계산대에서 **집중력**을 사 가지고 깨지지 않도록 신문지로 잘 포장해서 조심스럽게 매장에 도착했습니다.

자, 이제는 하얀색 조리복과 모자 그리고 주방화를 착용하고 구입해 온 재료를 물로 깨끗하게 씻고 역전을 만들기 위해 재료손질에 들어갑니다. **확고한 신념**은 오로시를 하고 나서 다시마에 싸서 숙성을 시켜 두었고, **비범한 노력**은 칼로 잘 다져 놓았습니다. 그리고 역전을 담을 예쁜 흰색 그릇 **감정통제** 세트로 잘 세척해서 건조시켜 놓았습니다. **칭찬** 한 포기는 4등분을 한 후 굵은 소금을 뿌려 놓았습니다. 2시간 후에 잘 씻어서 물기를 빼 놓을 예정입니다.

덤으로 받은 **배려**는 오늘 역전오마카세 마무리로 와인과 함께 내놓을 예정입니다. 예상치 못한 **배려**의 기습공격으로 팬들의 마음을 공략해 보겠습니다. 너무도 운이 좋게 구입한 **기회**와 **운**은 **집중력**과 함께 준비하겠습니다. 기회는 깨끗이 손질해서 **집중력**바구니에 가득 올려 드리고 식사 중 기분 좋으시라고 **운**은 예쁜 집중력꽃병에 꽂아 식탁 가운데에 두겠습니다.

이제 재료 준비가 완벽하게 되었습니다. 디너 예약시간은 6시 10분이었는데 일 때문에 조금 늦어진다고 미리 연락이 와서 9시로 변경되었습니다. 8시부터 역전을 시작해야겠습니다. 8시가 되어 이제 역전을 시작합니다.

먼저 다시마에 싸 놓은 **확고한 신념**은 먹기 좋은 크기로 썰어 하얀색 **감정통제** 그릇에 예쁘게 플레이팅을 해 놓고 그 옆에 **확고한 신념**과 곁들여 먹을 수 있는 잘게 다진 **비범한 노력**을 올려 줍니다. 절여 물기를 빼 놓은 **칭찬** 한 포기는 김치를 담아 감정통제 그릇에 예쁘게 담았습니다.

정신없이 준비하다 보니 벌써 9시가 되어 갑니다. 팬들께서 한두 분씩 오시고 계십니다. 예약시간 5분 전에 모두 오셨습니다. 총 20분입니다.

이제부터 역전오마카세를 시작하겠습니다. 제가 준비한 역전오마카세에 엄청 기대하시는 눈빛들이 보입니다. 정성스럽게 준비한 요리들을 하나씩 제공해 드리고 있습니다.

만족스런 입가의 웃음들이 보입니다. 다행입니다. 이렇게 하나씩 제공하다 보니 벌써 마지막 요리만 남았습니다.

역전오마카세 마지막을 장식할 요리는 불맛 가득한 **임계점숙주볶음**입니다. 최고의 불맛을 내기 위해서는 엄청난 화력이 필요합니다. 그래서 화구의 불을 최대로 올려 주어야 합니다.

역전오마카세의 하이라이트인 **임계점**숙주볶음을 시작하겠습니다. 만약 불맛 가득한 **임계점**숙주볶음 요리가 실패하면 역전은 실패하게 됩니다. 저는 지금부터 짜릿한 맛의 **임계점**숙주볶음을 요리를 하는 동안 나의 마지막 힘을 모아 최선을 다해 불요리에 집중하겠습니다. 화구에 웍을 올리고 화구에 불을 붙였습니다. 재료가 달라붙지 않고 잘 볶아지도록 하기 위해 웍에 기름을 넣고 웍을 코딩을 하겠습니다.

이제 웍 안에 불이 들어왔습니다. 이제 뜨겁게 달궈진 웍안에 임계점과 숙주를 넣고 웍을 돌립니다. 저는 요리에 더 **집중하기 위해서** 웍이나 팬을 돌릴 때 속으로 숫자를 셉니다.

임계점숙주볶음이 완성되기까지 과연 숫자를 몇까지 셀까요? 정답은 61번입니다. 이렇게 불맛 가득한 **임계점**숙주볶음을 완성하였습니다. 오늘 구입한 하얀색 **감정통제** 세트 접시에 야구공 모양처럼 동그랗게 담았습니다. 여기에 가스오브시(가다랑어포)를 올리고 마지막으로 **돌파**와 **깨**를 뿌려 역전오마카세의 피날레를 장식했습니다.

오늘 제가 준비한 역전오마카세에 모두 감동의 눈물을 흘려주었습니다. 저 또한 감사의 눈물을 흘렸습니다. 오늘의 감동을 매일 생각하며 살겠습니다, 잊지 않겠습니다. 내일도 심야식당 61의 역전오마카세는 계속됩니다.

팬서비스

심야식당61에서 가장 인기 있고 레시피를 알려 달라고 하시는 고객님이 많아서 팬서비스 차원에서 공개 합니다. 그렇다고 해서 대단한 레시피는 아닙니다. 누구나 쉽게 하실 수 있습니다. 여기서 가장 중요한 것은 만족한 맛이 나올 때까지 계속 시도하는 겁니다. 포기하지 마세요. 제가 맛있게 하는 이유는 많이 만들어서입니다.

일본식 오이무침 레시피

재료

- 취청오이: 180g
- 소금: 2g
- 진간장: 4g
- 참기름: 2g
- 깨: 2g

🍲 만드는 법

- 오이 손질:

  오이를 깨끗이 씻은 후, 필러를 사용해 오돌토돌 튀어나온 가시 부분만 깎아 줍니다.

- 양끝 다듬기:

  오이의 양끝을 잘라내고, 방망이로 가볍게 두드려 줍니다. 너무 부서지지 않을 정도로 먹기 좋은 크기로 칼로 썰어 줍니다.

- 양념 넣기:

  손질한 오이를 믹싱볼에 옮깁니다.

  순서대로 소금 2g, 진간장 4g, 참기름 2g, 깨 2g를 넣어 줍니다.

- 숙성시키기:

  재료가 잘 어우러지도록 섞은 후, 냉장고에 넣어 5분간 휴지시킵니다.

- 마무리:

  숙성이 끝나면, 접시에 담아 사랑하는 사람과 함께 맛있게 즐기세요.

이 맛있는 오이무침과 함께, 당신의 역전 드라마에 축배를 들기를 바랍니다!

　이 레시피가 여러분에게 상큼한 즐거움과 작은 행복을 선사하길 바랍니다. Enjoy!